高等学校"十四五"学前教育专业精品教材

学前儿童科学教育与活动指导

主编 刘 红 曾 姗 张权力

南京大学出版社

图书在版编目(CIP)数据

学前儿童科学教育与活动指导 / 刘红，曾姗，张权力主编. -- 南京：南京大学出版社，2024.2
ISBN 978-7-305-27541-8

Ⅰ.①学… Ⅱ.①刘… ②曾… ③张… Ⅲ.①学前儿童－科学教育学－高等学校－教材 Ⅳ.①G613

中国国家版本馆CIP数据核字(2024)第011192号

出版发行	南京大学出版社
社　　址	南京市汉口路22号　邮　编　210093
书　　名	学前儿童科学教育与活动指导 XUEQIAN ERTONG KEXUE JIAOYU YU HUODONG ZHIDAO
主　　编	刘　红　曾　姗　张权力
责任编辑	丁　群　　　　　编辑热线　025-83686756
照　　排	南京南琳图文制作有限公司
印　　刷	常州市武进第三印刷有限公司
开　　本	787 mm×1092 mm　1/16　印张 11　字数 248千
版　　次	2024年2月第1版　2024年2月第1次印刷
ISBN	978-7-305-27541-8
定　　价	46.00元

网址：http://www.njupco.com
官方微博：http://weibo.com/njupco
微信服务号：NJUyuexue
销售咨询热线：(025) 83594756

＊版权所有，侵权必究
＊凡购买南大版图书，如有印装质量问题，请与所购图书销售部门联系调换

前　言

科学技术迅猛发展,科技时代对于人们科学素养的要求越来越高,学前儿童科学教育愈发得到重视。学前儿童科学教育把儿童探究自身和周围世界的自发需要纳入有目的、有计划的教育中,它对于儿童认知、情感、能力的发展具有重要的意义与价值,是全面发展教育中不可或缺的一部分。

本教材深入贯彻《幼儿园教育指导纲要(试行)》《3-6岁儿童学习与发展指南》的精神,进一步提出科学探究的目标、内容、实施与指导的具体要求,同时结合案例和实践操作,帮助学习者深入理解学前儿童科学教育活动的设计和组织指导要点。本教材的突出特点为案例资源丰富,彰显探究性。本教材提供大量的集体活动、区域活动和日常游戏等案例,致力于通过丰富的幼儿园教育实践内容,将生活化与趣味性、探究性相结合,使学习者能综合利用各方面资源,创设适宜幼儿探究的环境,引发幼儿的科学探究兴趣,丰富幼儿的科学探究经验,提升幼儿的观察、实验、比较等科学探究能力。

本教材包括九章,第一章阐述了学前儿童科学教育的基本问题;第二、三、四章介绍了学前儿童科学教育的目标、内容、方法与组织形式;第五、六、七章分别展示了观察类、实验类、技术制作类教育活动,班级区域、园区区域教育活动,科学游戏活动的内容与设计指导方法;第八、九章讲述了学前儿童科学教育的资源和评价。

本教材第一到五章、第九章由刘红和张权力撰写,第六到八章由曾姗撰写。本教材在汇集前人研究成果的基础上形成,由于编者能力、时间有限,还存在需进一步改进的地方,恳请所有使用本教材的师生提出宝贵意见。

对于本书借鉴的一些国内外学者的著作和研究成果,在此一并表示感谢,同时感谢盐城师范学院教育科学学院、南京大学出版社的大力支持。

编　者
2024年1月

目 录

第一章 学前儿童科学教育的基本问题 ········· 1
- 第一节 科学与学前儿童科学 ········· 1
- 第二节 学前儿童科学学习的特点 ········· 8
- 第三节 学前儿童科学教育概述 ········· 14

第二章 学前儿童科学教育的目标 ········· 17
- 第一节 学前儿童科学教育目标的制订依据 ········· 17
- 第二节 学前儿童科学教育的目标体系 ········· 20
- 第三节 学前儿童科学教育活动的目标设计 ········· 27

第三章 学前儿童科学教育的内容 ········· 31
- 第一节 学前儿童科学教育内容的选择 ········· 31
- 第二节 学前儿童科学教育内容的范围 ········· 37

第四章 学前儿童科学教育的方法与组织形式 ········· 48
- 第一节 学前儿童科学教育的方法 ········· 48
- 第二节 学前儿童科学教育的组织形式 ········· 65

第五章 学前儿童科学教育活动与活动指导 ········· 68
- 第一节 观察类科学教育活动与活动指导 ········· 68
- 第二节 实验类科学教育活动与活动指导 ········· 84
- 第三节 技术制作类科学教育活动与活动指导 ········· 98

第六章　学前儿童区域科学教育活动与活动指导 ………………………… 108
第一节　学前儿童区域科学教育活动概述 ……………………………… 109
第二节　班级区域科学教育活动与活动指导 …………………………… 111
第三节　园区区域科学教育活动与活动指导 …………………………… 118

第七章　学前儿童科学游戏活动与活动指导 …………………………… 126
第一节　学前儿童科学游戏活动概述 …………………………………… 126
第二节　学前儿童科学游戏活动的设计与指导要点 …………………… 134
第三节　学前儿童科学游戏活动案例 …………………………………… 135

第八章　学前儿童科学教育资源 ………………………………………… 142
第一节　学前儿童科学教育资源概述 …………………………………… 142
第二节　学前儿童科学教育资源的选择和运用 ………………………… 149

第九章　学前儿童科学教育评价 ………………………………………… 152
第一节　学前儿童科学教育评价概述 …………………………………… 152
第二节　学前儿童科学教育评价的内容 ………………………………… 155
第三节　学前儿童科学教育评价的方法 ………………………………… 162

第一章　学前儿童科学教育的基本问题

1. 了解科学与学前儿童科学的内涵。
2. 掌握学前儿童科学学习的特点，并能运用理论去分析学前儿童科学探究的活动。
3. 了解学前儿童科学教育的内涵、特点与价值。

情境导入

自由活动时间，孩子们在操场上快乐地捡着地上的树叶，并不断抛向空中。他们欢快的笑声引来了许多小朋友，也吸引了李老师的目光。

"李老师，银杏树的叶子怎么掉下来了？妈妈说到秋天树叶才会掉下来呢。"平平手里举着几片银杏树叶问老师。

"那现在是不是秋天呢？"李老师反问道。

孩子们疑惑地相互张望，谁也不敢肯定。

"秋天是什么样子的呢？"李老师接着问。

"奶奶说秋天的时候天会变冷。"果果抢着说。

"秋天时，树叶会变颜色，还会掉的。"明明说。

人类所生存的环境充满了有趣的、令人探寻不尽的科学知识，人类生活的方方面面都和科学紧密关联。到底何为科学？幼儿眼中的科学是怎样的？幼儿是如何学习科学知识的？学前儿童科学教育的内涵和价值是什么？让我们一起来探寻吧！

第一节　科学与学前儿童科学

一、科学的内涵

提及科学，人们一般可能首先想到的是物理、化学、生物学、天文学等学科知识，或者头脑中浮现出科学家们进行实验研究的景象。但对于科学是什么，目前人们并没有一致的看法，而且对于科学也很难下一个确切的定义。在科学漫长的发展历史进程中，科学通过多种方式与社会相互作用，其本身也在发展过程中不断丰富和改变着自身的含义。人们对科学的认识也随着科学的发展日益深刻和趋于全面。谈到科学，必然会涉及技术，科学与技术是两个既相互联系又有区别的概念。联系是指它们是一个过程的两种形态，在很多情况下很难进行绝对区分，尤其是现代的科学研究中含有许多高新技术的因素，而高新技术的产生本身又是以科学发现为前提；科学技术化，技术科学化，两者相互促进，相互渗透，以至于人们已经习惯于把它们统称为现代科技，而不再细分了①。区别是指它们的起源、研究方法和内容以及对社会的作用都有很大的不同。美国加州理工学院的冯·卡门教授说："科学家研究已有的世界，工程师创造未有的世界。"②简单地说，科学在认识世界中发现新知识，而技术在改造世界中发现新手段。对儿童进行科学和技术两个方面的教育都是很必要的③。

据学者们的研究，对科学的定义至少有五十多种。科学通常指近代科学，一般把伽利略（1564年—1642年）的研究工作和他对实证方法的确立，看作是现代科学诞生的标志。科学原来仅指自然科学，20世纪90年代联合国教科文组织（UNESCO）重新明确了科学的范围——科学包括自然科学和社会科学。但是，在幼儿园和小学的科学教育里，我们所主要探究的是自然科学领域的问题④。因此，本书所论述的科学教育主要指自然科学教育（包含技术，但不包含数学）。

尽管人们对科学的解释不尽相同，但在理解科学的本质与特性时，都会涉及科学知识、科学过程、科学价值观。以下将从这三个方面来分别阐述科学的内涵。

（一）科学是知识

科学是反映客观事实和规律的知识。在2023年出版的《辞海》中，科学被定义为"运用范畴、定理、定律等思维形式反映现实世界各种现象的本质和规律的知识体系"。这也反映了多数人对科学的理解——"科学即知识"，但这并不意味着每一种知识都是科学，只有反映了客观事实和规律的知识才是科学。作为一种知识体系，与其他知识相比，科学知识具有不同的特点。

1. 科学知识具有真理性

科学知识的真理性是指科学知识必须符合客观事实，它是对客观世界的真实反映。任何不能正确反映客观世界的知识，或是与客观事实相悖的理论、见解都应该排除在科学知识的体系之外。然而，应当注意的是，科学知识的真理性是相对的，而不是绝对的。因为人们对事物的科学认识并不是一成不变的，而是不断变化发展的。过去认为是正确的、科学的知识可能随着新的事实的发现而被推翻，受到否定。应该说，科学是在不断的自我否定与自我修正中得以发展的。例如，哥白尼（Nicolaus Copernicus）提出的"日心说"取代了长久以来的"地心说"，成为科学史上的一大进

---

① 顾志跃.科学教育概论[M].北京:科学出版社,1999:22.
② 张红霞.科学究竟是什么[M].北京:教育科学出版社,2003:129.
③ 张红霞.科学究竟是什么[M].北京:教育科学出版社,2003:2.
④ 韦钰,等.探究式科学教育教学指导[M].北京:教育科学出版社,2005:1.

步。而现在，我们又认识到，太阳作为一颗恒星，也不是静止不动的，它不是宇宙的中心，只是宇宙中微不足道的一部分。

知海拾贝

从"地心说"到"日心说"的伟大变革

尼古拉·哥白尼（1473年—1543年），是文艺复兴时期的波兰天文学家、数学家、教会法博士、神父。

哥白尼的"日心说"发表之前，"地心说"在中世纪的欧洲一直居于统治地位。在古代欧洲，亚里士多德和托勒密主张"地心说"，认为地球是静止不动的，其他的星体都围着地球这一宇宙中心旋转。这个学说的提出与基督教《圣经》中关于天堂、人间、地狱的说法刚好互相吻合，处于统治地位的教廷便竭力支持地心学说，把"地心说"和上帝创造世界融为一体。因而"地心说"说被教会奉为和《圣经》一样的经典，长期居于统治地位。然而，随着事物的不断发展，天文观测的精确度渐渐提高，人们逐渐发现了地心学说的不合理性和不科学性。在这种历史背景下，哥白尼的"日心说"应运而生了。

哥白尼认为天体运动必须满足以下七点：不存在一个所有天体轨道或天体的共同的中心；地球只是引力中心和月球轨道的中心，并不是宇宙的中心；所有天体都绕太阳运转，宇宙的中心在太阳附近；地球到太阳的距离同天穹高度之比是微不足道的；在天空中看到的任何运动，都是地球运动引起的；在空中看到的太阳运动的一切现象，都不是它本身运动产生的，而是地球运动引起的，地球同时进行着几种运动；人们看到的行星向前和向后运动，是由于地球运动引起的。地球的运动足以解释人们在空中见到的各种现象了。此外，哥白尼还描述了太阳、月球、三颗外行星（土星、木星和火星）和两颗内行星（金星、水星）的视运动。哥白尼批判了托勒密的理论，科学地阐明了天体运行的现象，推翻了长期以来居于统治地位的"地心说"，并从根本上否定了基督教关于上帝创造一切的谬论，从而实现了天文学中的根本变革。他正确地论述了地球绕其轴心运转、月亮绕地球运转、地球和其他所有行星都绕太阳运转的事实。尽管以今天的科学研究情况来看，他也和前人一样严重低估了太阳系的规模，他认为星体运行的轨道是一系列的同心圆，当然是错误的；他的学说里的数学运算虽然很复杂，但是也不准确。尽管如此，哥白尼的"日心说"是一个前所未闻的开创新纪元的学说，对于千百年来学界奉为定论的托勒密地球中心说无疑是当头一棒。

作为近代自然科学的奠基人，哥白尼的历史功绩是伟大的。确认地球不是宇宙的中心,而是行星之一,从而掀起了一场天文学上根本性的革命,它是人类探求客观真理道路上的里程碑。哥白尼的伟大成就,不仅铺平了通向近代天文学的道路,而且开创了整个科学界向前迈进的新时代。从哥白尼时代起,脱离教会束缚的自然科学和哲学开始获得飞跃的发展。

由此可见,科学没有最终的结论,更没有永远正确的结论。在不同的时代,不同的认识水平下,人们对于科学的认识都是不同的。科学的真理性不在于它对世界的解释是永远正确的,而在于它始终保持着开放性,始终在不断的自我否定与修正中客观地反映事物的本真。

2. 科学知识具有经验性

科学知识的经验性是指科学知识来源于经验性的活动,且是一种在思辨基础上的经验性活动,而不是任何人的主观臆断。所谓的思辨基础上的经验性活动,具体是指在搜集和整理客观信息的基础上,进行思维加工,从而得出结论,它强调的是客观的事实证据,由此可见,那些通过主观直觉获得的未经证实的感悟,或是出自权威人物的论断,以及那些打着科学旗帜的"伪科学"知识,都不是科学。但是,科学知识的经验性并不排除理性的思考,正如达尔文(C. R. Darwin)所言,"科学就是整理事实,从中发现规律,得出结论"。因此,科学知识经验性的关键在于这些思考必须建立在客观事实的基础之上。

此外,我们也不能把科学知识的经验性狭隘地理解为个人的亲身经验。经验也有直接、间接之分。书上的科学知识,作为前人实践经验的结晶,对我们来说是一种宝贵的间接经验。"站在前人的肩膀上"是我们获得科学知识的重要途径。

3. 科学知识具有可重复性

科学知识具有可重复性是指科学应该是可以验证的、有规律性的知识,应该能经得起时间以及实践的检验。即无论何人在何时何地重复某一实验,都能得到同样的结果,结论应当是经得起验证的,是真正科学的和可靠的。例如,人们在观察月相以及月食现象的事实基础上,总结出月食发生的规律。如果这个规律能够进一步被事实所验证,我们就可以认为它是正确的;否则,就可以认为它是错误的,至少是不完全正确的。同样哈雷彗星的发现也可以说明科学知识是可以验证的有规律的知识。

 知海拾贝

哈雷彗星的由来

哈雷彗星是每76.1年环绕太阳一周的周期彗星,肉眼可以看到。因英国物理学家爱德蒙·哈雷(1656年—1742年)首先测定其轨道数据并成功预言回归时间而得名。哈雷彗星的轨道周期为76～79年,下次过近日点时间为2061年7月

28日。哈雷彗星是唯一能用裸眼直接从地球看见的短周期彗星,也是人一生中唯一以裸眼可能看见两次的彗星。

1682年8月,天空中出现了一颗用肉眼可见的亮彗星,它的后面拖着一条清晰可见、弯弯的尾巴。这颗彗星的出现引起了几乎所有天文学家的关注。当时,年仅26岁的英国天文学家哈雷对这颗彗星尤为感兴趣。他仔细观测、记录了彗星的位置和它在星空中的逐日变化。在哈雷生活的那个时代,还没有人意识到彗星会定期回到太阳附近。自从哈雷产生了这个大胆的念头后,便怀着极大的兴趣,全身心地投入到对彗星的观测和研究中去了。在通过大量的观测、研究和计算后他大胆地预言,1682年出现的那颗彗星,将于1758年年底或1759年年初再次回归。哈雷做出这个预言时已近50岁了,而他的预言是否正确,还需等待50年的时间。在哈雷去世十多年后,1758年年底,这颗第一个被预报回归的彗星被一位业余天文学家观测到了,它准时地回到了太阳附近。哈雷在18世纪初的预言,经过半个多世纪的时间终于得到了证实。后人为了纪念他,把这颗彗星命名为"哈雷彗星"。

总之,科学知识是指人类经过科学研究而积累的,对客观世界和人类自身的系统的认识。这个认识是一个不断修正、不断深入,以逐步逼近客观存在的过程。科学知识的表现形式有科学事实、科学概念、科学原理、科学理论和科学模型等。科学知识并不是固定不变的真理,更不是绝对不变的真理,我们可以把科学知识的可重复性理解为经验性的延伸,即科学知识不仅来源于经验,而且需要不断接受经验的检验。人类对客观世界的探究进程会持续不断地深入下去,科学研究就是这样不断地肯定、否定、否定之否定,依靠实证来不断逼近自然界客观存在的真理,以丰富和调整原有的科学知识体系。

(二)科学是过程

随着社会的进步和科技的发展,人们对于科学本质的认识也日趋深入。许多学者从科学认识论的角度提出,科学是探索世界、获取知识的过程。它不仅仅是知识体系,还是一种通过亲身经历去探求自然事物意义,进而理解这个世界的过程。一般来说,科学过程包括以下环节:提出问题、作出假设、收集证据、处理信息和形成结论。当科学结论形成后,还可以根据这个发现来解释其他的现象或预测尚未发生的现象。

例如,教师向幼儿呈现不同形状的吹泡泡工具(将封闭的圆环弯成不同的形状),幼儿就会想:用这些形状的工具能不能吹出泡泡来呢?吹出来的泡泡会是什么形状的呢?这就是"提出问题"。他们联想到以前用圆形工具吹泡泡的经验,于是就猜想,既然圆形的工具吹出来的泡泡是圆形的,那三角形、方形的工具吹出来的泡泡也应该是三角形、方形的吧。这就是"作出假设"。当然,这些假设只是幼儿心中的猜想,还需要事实证据的支持。于是教师带领幼儿一起来做实验,他们逐个尝试不同形状的工具,来验证吹出来的泡泡究竟是不是跟他们心里猜想的一样,这就是"收集证据"。通过实验,幼儿获得了第一手的信息,他们把这些信息汇集在一起,并且和自己已有的经验联系起来,这个过程就是"处理信息"。最终,幼儿"形成结论":无论什么形状的吹泡泡工具,吹出来的泡泡都是圆形的。

科学活动过程中,人们需要运用一定的方法,这就是科学方法。总体上说,科学方法指的是根据事实证据和逻辑推理获取科学知识的方法,也就是上面所说的科学过程。而在具体意义上,科学方法又指在科学过程中,收集证据和处理信息的方法和技能,例如观察、分类、测量、预测、推断、表达与交流、界定和控制变量、形成与验证假设、解释数据、实验及建立模型等方法和技能。由于上述技能是科学过程所必需的,因此也被称作过程技能。

在前面的例子中,幼儿在经历科学过程的同时,也学习了科学方法。他们体会到,不能凭自己的猜想,而要根据事实来得出结论,事实才是可靠的知识来源。当然,幼儿还学习了具体的科学方法技能,例如观察、猜测、实验、比较、测量、记录、分享交流等。

科学知识和科学过程二者密切相关。科学知识的获得离不开科学过程。科学知识是科学过程的产物,它是人们在认识客观世界过程中的物质成果,是科学劳动的果实。任何科学知识的获得都不是凭空而有、孤立存在的。科学知识的获得需要不断地发现和尝试,需要不断地探究和检验,需要不断地思索和论证。可以说,任何科学知识都不是孤立于科学过程之外而存在的,相反,它是科学过程的产物。

随着科学技术的进步,科学知识不断发展,科学研究的手段也日益更新,科学过程日益复杂。但是,科学探究的基本过程和方法仍具有重要的价值。以观察为例,从肉眼的观察,到光学显微镜的应用,再到电子显微镜的应用,工具改进了,观察的结果更精确了,但观察作为科学过程中一个不可或缺的方法和环节,却是一直没有改变的,观察仍是一种重要的科学方法和技能。从这个意义上说,科学方法的学习比科学知识的获得对个人的影响更为深远。古人云:"授之以鱼,不如授之以渔。"科学知识和科学方法,正是"鱼"和"渔"的关系。在科学教育中,不仅要让幼儿学习科学知识,同时也要让幼儿学习科学方法,二者是不可分割的。

(三) 科学是价值观

从广义上说,科学意味着看待世界的态度与方法,科学本身就是一种价值观,是科学精神与科学态度。20 世纪 90 年代,美国科学促进会在《面向全体美国人的科学》(Science for All Americans)一书中提出:"科学世界观"的内涵应该包括:世界是可以认识的;科学认识是可以改变的;科学知识是持久的;科学不能为所有的问题提供完善答案。保加利亚学者优尔科夫认为,"科学的本质,不在于已经认识的真理,而在于探索真理"。今天,人们普遍认为,科学不是纯粹客观、价值中立的,它本身就是一种精神、一种价值追求。科学体现了人类所共同追求和崇尚的价值观——诚实、勤奋、公正、好奇、质疑、想象等。科学研究需要严肃认真、客观公正、敢于创新、独立思考、尊重事实、坚持真理、谦虚谨慎、乐于合作等态度和精神。尽管这些价值观和态度、精神不是科学所特有的,但是它们在科学中得到了充分体现,构成了科学所不可或缺的内涵。

综上所述,我们可以为科学的本质做一个全面的阐释:科学是人们对客观世界的正确认识,是人们探索世界、获取知识的过程;是一种世界观、一种看待世界的方法和态度。科学的本质在于探究,科学过程的核心在于探究过程,科学态度的核心在于探究精神,而科学知识正是科学探究的具体结果。

二、学前儿童科学的内涵

在儿童发展的初期,他们就已经出现了对周围世界的好奇以及探索和思考等活动,这些活动即学前儿童的科学。学前儿童科学来自儿童的本能,儿童在不知不觉中运用了科学探究的方法,展现了孜孜以求的科学态度,呈现了推理思考的科学特质。这些发自儿童内心的自发性活动,正是最初的科学活动,也体现了科学的本质——探究。

儿童不仅是好奇者、发问者,也是行动者、实践者。例如,洗手时,他们会用手去堵住水龙头,看会发生什么;洗袜子时,他们会把袜子套在水龙头上,发现袜子鼓起来,生活中这样的场景层出不穷。尤其是那些未知或被家长禁止的事物,更能激发儿童的好奇心和探究欲。例如,家具高处的"神秘景象",总能激发幼儿爬高的欲望,他们想一看究竟;对于禁止他们碰触的热水瓶等危险物品,他们也总是充满好奇。幼儿常常在好奇心的驱使下去了解周围事物,这与科学家的探究行为颇为相似,只是相比起来显得略微粗糙。

确立以探究为核心的全面的科学观,对于理解学前儿童科学至关重要;而理解学前儿童科学,对于教师实施有效的学前儿童科学教育至关重要。因此,学前儿童科学,即幼儿对事物表现出好奇、提出问题、进行探究、寻求解释的一系列探究活动,尽管有时他们最后并没有得出在成人看来"正确的结论"。

三、科学家的科学探究与学前儿童的科学探究

很多学者都提出,幼儿是小小科学家。确实,幼儿与科学家的相似之处很多,只是随着幼儿年龄的增长,这些相似的特性受到许多影响和压制。但幼儿毕竟不是真正的科学家,"小科学家"与"大科学家"之间有基本的相似之处,也有着重要的区别。"探究—研讨"教学法的创立者兰本达(Brenda Lansdown)使用了生动的说法描写了两者既相似又不同的关系:一个幼儿在房间里跑来跑去,我们并不称他为运动员,但是他确实在跑;一个幼儿随便写出一个句子或一篇文章时(也许不无一两段精彩的文字),我们并不把他称为作家,但他确实在写作;一个幼儿画了一幅画,并不会被称为画家,但是他真是在作画。同样,一个幼儿从事于某种形式的发现,建立起对他来说是新的关系,设计出一个简单的试验,他并不是科学家,但是,他的确是在"搞科学"。①

区分和比较幼儿与科学家在探究上的异同,有助于我们更好地理解和开展幼儿园的探究式科学教育。下面主要从探究兴趣、探究的性质与结构、探究的程序与环节

---

① 兰本达,等.小学科学教育的"探究—研讨"教学法[M].陈德璋,等译.北京:人民教育出版社,1983:56.

三个方面对两者的科学探究作简单的比较(如表1-1所示)。

表1-1 幼儿的科学探究与科学家的科学探究比较

	科学家	幼儿
探究的兴趣	"长不大的孩子"	有与生俱来的好奇心
探究的结构与性质	处于一定的历史阶段,选择自己熟悉、感兴趣的研究内容	处于教师设定的环境和材料之中,按自己的想法去支配材料
探究的程序	● 面对的是人类的未知 ● 在前人研究和自身观察的基础上进行推论和假设,文献资料具有重要的意义 ● 验证假设经历漫长的发现历程 ● 将成果公之于众,供他人分享与验证,他们的成果是人类共同的财富	● 人类已知而他们自己未知 ● 只是在自身经验和观察基础上进行假设 ● 简约式地重演科学发现的过程 ● 只是在同伴之间、师幼之间进行分享交流和相互质疑

首先,从探究兴趣来看,幼儿有着与生俱来的好奇心,探究的热情与科学家一样强烈;而科学家也常常被认为是"长不大的孩子"。

其次,幼儿和科学家都在一定结构的限制内自由探索,但自由的性质和结构的程度不同。科学家处于一定的历史阶段,选择自己熟悉的、感兴趣的研究内容;而幼儿则处于教师设定的环境和材料之中,自由地按自己的想法去支配材料。

最后,幼儿和科学家经历了大致相似的探究和发现过程,但每个环节都有程度上的差异。他们都面对未知,科学家面对的是人类的未知,幼儿面对的则是人类已知而他们自己未知的;他们都运用已有经验提出假设,科学家是在前人研究和自身观察的基础上进行推论和假设,文献资料具有重要的意义,而幼儿只是在自身经验和观察基础上进行假设;他们都对自己的假设进行验证,科学家经历漫长的科学发现历程,甚至几代人的努力,而幼儿只是简约式地重演科学发现的过程;他们都要与他人交流和分享发现,科学家将成果公之于众,供他人分享与验证,他们的成果是人类共同的财富,而幼儿只是在同伴之间、师幼之间进行分享交流和相互质疑。

以上对幼儿探究特点的理解和认识,是我们在幼儿园进行探究式科学教育的基础和前提。

第二节 学前儿童科学学习的特点

在面对着自然界的各种事物时,幼儿不仅有着与生俱来的好奇心和探究热情,有着问不完的问题,而且他们是勇于实践的探索者,能够通过探究最终形成自己"天真幼稚的理论"。以下是幼儿科学学习的特点。

一、具有强烈的好奇心和探究欲望

著名的动物行为专家尼可·丁伯根(Niko Tinbergen)曾说:"科学家们,由于他们急切的好奇心,在他人眼中,常常显得很孩子气。"换句话说,科学家们都常葆童心,有着孩子般强烈的好奇心。著名的物理学家理查·费恩曼(Richard Feynman)就是一个永远长不大的充满好奇心的人物,在他的生命中,从来没有一天不对至少一件事好奇,而且到了非要去一探究竟的地步,人们把他称作不折不扣的科学家。他对万事万物都具有好奇心,随时准备敞开心胸接纳新的事物,也愿意尝试任何事物。由此可见,幼儿和科学家的最大共同点在于强烈的好奇心和探究欲望。好奇心和探究欲望是与生俱来的,也可以说是我们从祖先那里承袭来的。一个孩子长大的过程是人类发展过程的复演:从动作的发展来看,首先是爬,手脚并用;而后,双脚摇摇晃晃地走;最后,直立行走。这一过程用了约12个月,可是,在人类的进化中,这个过程却用了几百万年的时间。现在,直立行走已经包含在人的遗传基因之内。同样,人的遗传基因中也有一种能够探索、理解和解释其周围世界的各种现象的潜力①,人类通过对世界的探索,不断发明创造,开启了人类的文明史,并进入现代科技的世界。

我们所承袭的,正是祖先们锲而不舍的发明精神,在儿童身上更不难发现这样的精神。儿童个个都是天生的科学家,他们生气勃勃、精力充沛,不知疲倦地探索周围的世界;他们什么都想知道,他们的问题没完没了,他们的探索接二连三。正如杜威所说,儿童有调查和探究的本能,探索是幼儿的本能冲动,好奇、好问、好探究是幼儿与生俱来的特点。当幼儿发现一个真实的、新鲜的东西时,会高兴得手舞足蹈,所以幼儿园重视用感官教育幼儿捕捉世界、重视直接的实践活动。只要事物能真正引起幼儿的兴趣,他们哪怕花时间不断重复同一个实验也在所不惜②。

二、最初关心的问题是和自然环境有关的、基本的科学问题

好奇好问是幼儿的特点,尤其是从3岁左右开始,幼儿会抓住家长、老师或其他成人问个没完。只要留心,我们会发现,幼儿最初关心的问题都和自然环境有关,想要知道很多现象背后的原因,以及世界的各种奥秘。

> 天空为什么会是蓝的?
> 小草为什么会是绿的?
> 风是什么?
> 为什么会下雨?
> 为什么冬天冷、夏天热?
> 为什么月亮会住在天上?
> 太阳为什么不会掉下来?
> 鸟儿为什么在天上飞?

---

① 兰本达,等.小学科学教育的"探究—研讨"教学法[M].陈德璋,等译.北京:人民教育出版社,1983:55.
② 乔治·夏尔帕.动手做——法国小学科学教学实验计划[M].黄颖,等译.北京:人民教育出版.2003:1.

事实上，幼儿所关心的这些现象恰恰是最基本的科学问题。可以说，幼儿所提出的问题在本质上与科学家的研究问题并无太大差异，只是科学家们在以专业的方式从事着幼儿自然而然在做着的事，寻找着幼儿最关心的问题的答案。

三、通过直接经验来认识事物

皮亚杰的发生认识论告诉我们，人的认识既不来源于客体，也不来源于主体，而是来源于主客体的相互作用。皮亚杰把人生的第一阶段称为感知运动阶段，这是人的认识发展的第一阶段。儿童自出生之时起，从把各种东西放入嘴里就开始了运用各种感觉器官与肢体对周围环境的探索。心理学的研究一再表明：幼儿的年龄特点就注定了他们对物质世界的认识是感性的、具体形象的，思维常需要动作的帮助。他们对物质世界的认识必须以具体的事物和材料为中介和桥梁，在很大程度上借助于对物体的直接操作。幼儿必须通过变换物体的状态——丢、敲、混合、掷、推拉、拆、移动、捏，并在过程中观察物体的转换所引起的改变，才能获得知识。简言之，幼儿要了解一种东西必须先去操作它，他们正是在操作事物的过程中获得了物理知识和逻辑、数学知识。

例如面时一摊烂泥时，幼儿可能会想知道，如果我一脚踩下去，会发生什么事？泥巴踩起来会怎么样？会不会从我的脚趾缝里挤上来？紧接着，他们一脚踩上去，以证实他们的所有想法。幼儿将脚和鞋子一起踏入雨水坑中，将手插入滑腻的污泥中，用碎石激起水花，假装费力地涉水过"河"，难以言喻的兴奋之情表露无遗。当他们在水坑中发现光与影的变化，发现水能产生自己和周围世界的倒影时，这种兴奋之情更化作震惊和喧哗……①

四、探究方法具有试误性

在日常解决问题的许多时候，由于受经验水平和思维特点所限，幼儿探究解决问题的过程和方法具有很大的试误性。他们对事物特点的认识和对事物间关系的发现需要多次尝试，不断排除无关因素；需要很多次数、很长时间的探索，才能接近答案。

例1　寻找地毯潮湿的原因

1岁半的果果坐在地毯上堆积木，堆高了后就推倒，笑得很开心。

他一边玩一边不时地接过妈妈递给他的奶瓶。他玩得太兴奋了，不自觉地将奶瓶推倒在地毯上，果汁溅了出来。

无意间果果把手放在地毯上的那块湿了的地方，他觉得很奇怪。

他看看自己的手，看看地毯，再一次去摸潮湿的地毯。（观察）

他站起来再去拿奶瓶，喝了一口，看看奶瓶，放到地毯上，又摸了摸地毯上潮湿的地方。（推论）

---

① 洛利斯·马拉古齐，等.孩子的一百种语言[M].张军红，等译.台北：光佑文化事业股份有限公司，1998：80.

然后,他故意把果汁溅在地毯上,并用手去摸新弄的潮湿处。(实验——测试他的想法)

他又重复了一次上述步骤,于是他笑了,喝了两口果汁后,就把奶瓶对着地毯挤弄,地毯上的湿处扩散越大,他越开心,直到妈妈制止。(下结论)

这一事例中,果果通过观察、推论、实验等科学方法去推论地毯潮湿的原因,重复尝试几次后,最后得出结论:地毯变潮湿是由奶瓶流出来的果汁造成的。

例2 让橡皮泥浮起来

幼儿尝试着让手里的一块橡皮泥浮起来。

他把橡皮泥团成球放进水里,沉下去了。(实验)

他把橡皮泥压成薄薄的饼状,又沉下去了。(实验)

他把橡皮泥搓成细长条,还是沉下去了。(实验)

他停下来开始思考……

这次,他把橡皮泥扯成一粒一粒的,结果还是沉下去了。(实验)

他开始环顾四周,看见了浮在水面上的小船。(观察)

他把橡皮泥做成中空的船,橡皮泥终于浮在了水面上。(实验)

这一事例中,幼儿通过反反复复的实验、观察,最后终于让橡皮泥浮起来了,他的探究过程充分证明了幼儿的探索具有试误性的特点。

五、所获得的知识经验具有"非科学性"

幼儿对周围事物的认识和解释以及所获得的知识经验受其原有经验和思维水平的直接影响,从而形成幼儿期所独有的"天真幼稚的理论"和"非科学性"的知识经验。这种所获得知识经验的"非科学性"具体表现在以下三方面:

(一) 用原有经验理解事物

幼儿对事物的认识直接受到其原有经验的影响。幼儿在探索和认识事物过程中所表现出的想法和做法尽管不合乎成人逻辑,但是在幼儿已有经验和认知结构上却是极其合理的,即合乎他自身的逻辑。幼儿认识事物的这一特点是由于他们思维的具体形象性所派生出来的。

例1

原有经验:种子泡在水里能发芽、长大

新的认识:小花瓣泡在水里能长大

例2

原有经验:小朋友喝开水长得好

新的认识:给菊花浇开水

例3

原有经验:种子种在土里几天后向上出小芽、长大

新的认识:看到花生往下长了芽,把它正了过来,让根向上长

（二）认识具有表面性和片面性

幼儿对事物的认识不能抓住本质特征,对事物及其关系的认识和解释只是根据具体接触到的表面现象来进行。在问幼儿"月亮为什么不会落下来"时,幼儿会回答:"月亮因为明亮,所以不会掉下来。"这是因为幼儿往往只注意到表面现象,以表面现象解释事物的本质。

（三）解释具有主观性和泛灵论的特点

幼儿不能客观地解释自然事物和现象,他们往往会从主观意愿出发,或赋予万物以灵性(即泛灵论)进而来解释。幼儿总是用他们独特的眼光来看待事物及其关系。

例1 探索指南针装置

指南针的装置实际上是一枚可以自由转动的针(已被磁化),教师在它的底座的四个方向分别贴上四个小动物图片,以引起幼儿(中班)的兴趣。某幼儿在开始的时候就为自己设定了一个游戏规则:转到什么动物就模仿什么动物。

当他第一次轻轻转动指针,发现针尖停止在小猫处时,对自己说:"我转到小猫,我就装小猫。"然后扮了一个猫脸,模仿猫的动作。但他一次次重复转指针后,发现针尖总是指向小猫,便自言自语地说:"怎么搞的,又是小猫!"

有一次,他试图让指针指向别的小动物,就用手按住指针想让它停,可是当他放开手后,针尖仍然指向小猫。于是他开始寻找原因,一会儿轻轻转,一会儿重重转,一会儿把指针取下来,将指尖对着桌子刮,一会儿又翻开底座看看下面有什么东西,却没有找到答案。事后,教师问他有什么发现,他说:"我发现它转不到别的东西,只能转到小猫,因为它喜欢小猫。"

例2 对自然现象的认识

教师:"太阳会不会掉下来?"

幼儿:"太阳不会掉下来,因为如果它掉下来,我们就会死了。"

教师:"为什么有春夏秋冬?"

幼儿:"这是为了让咱们换个天气,因为太冷了,就把人给冻坏了,太热了就把大地晒干了。"

教师:"为什么有白天和黑夜?"

幼儿:"白天得起来上幼儿园、上班,晚上得睡觉。""因为只有一个太阳,一个月亮。它不能只照一个地方,还得去照别的地方。"

幼儿对事物及其关系的解释具有"人为的"和"万物有灵论"的色彩,幼儿相信每件东西都是由人所创造的;他们还相信自然界的事物像他一样,是有生命、意识和情感的。幼儿对于生命的认识遵循以下规律:最初,只要对人有用的物体,幼儿都认为是有生命的;接着他们会将范围仅限于会移动的物体(如浮云、汽车),因此大树常常被幼儿认为是没有生命的,因为它们不会移动;再后来认为自发性移动的物体是有生命的;最后,幼儿才能清楚划分动物、植物。

总之,幼儿在认知发展上的这种局限性决定了他们无法获得完全客观的认识。

也就是说，幼儿能理解的科学知识具有一定程度的"非科学性"，学前阶段的幼儿是在用天真幼稚的理论解释他们所看到的事物，解释周围世界。幼儿认识事物的特点决定了幼儿不能像中小学生那样学习真正的科学概念，只能获得一些有关周围物质世界的经验，学习一些浅显的科学知识。

拓展阅读

学前儿童科学概念的发展[①]

根据皮亚杰的理论，儿童早期还不能很好地区分主体和客体，因此他们的认识常表现出泛灵论的特点，将主体的思想和意愿附着于客体身上，从而导致万物有灵的思想。

以生命概念为例，皮亚杰用临床法对儿童的生命概念进行了研究。他向不同年龄的儿童询问什么是活的，得到了各种有趣的回答。皮亚杰据此发现了儿童生命概念发展的若干阶段：其中6岁以下儿童处于第一阶段，他们认为凡是活动着的物体都是有生命的。这个阶段的儿童根据"活动"来界定生命的概念，更为有趣的是儿童始终把活动是否对人类有作用作为判断的依据。下面是皮亚杰与威尔的对话：

"太阳是活着的吗？"
"是的。"
"为什么？"
"因为它会发光。"
"蜡烛是不是活的？"
"不是。"
"为什么呢？"
"噢，是的。因为它会发光。它发光的时候就活着，不发光的时候就死了。"
"自行车是活的吗？"
"不是。它骑的时候是活的，不骑的时候就死掉了。"
"山是不是活的呢？"
"不是。"
"为什么？"
"因为它什么也没做！"
"树是不是活的？"
"不是，它结果子的时候是活的，树上什么也没有时就死了。"
"手表是活的吗？"
"是的。"

[①] 张俊.幼儿园科学教育[M].北京：人民教育出版社，2004：23-29.

> "为什么?"
> "因为它在走。"
> "板凳呢?"
> "不是。"
> "为什么?"
> "它只是给人坐的。"
> "炉子是活的吗?"
> "是的。它会烧茶、做饭。"
> "铃是活的吗?"
> "是,它会响。"
>
> 由此可见,对于威尔来说,"活的"意味着会做某件事或会移动。

第三节 学前儿童科学教育概述

一、学前儿童科学教育的内涵

对于学前儿童科学教育,一直存在"科学教育"和"常识教育"这两种理解或相关概念。一种观点认为科学教育和常识教育之间没有什么区别,科学教育活动就是原来的常识教育;另一种观点认为,科学教育比常识教育增加了现代科技、环境保护等新内容,注意让幼儿了解事物间的关系,增加了幼儿的亲身活动和动手操作。后一种观点比前一种观点进了一步,但仍然没有揭示出学前儿童科学教育的本质,致使学前儿童科学教育存在认识模糊、观念陈旧、教育实践没有改观的问题,大多数教师仍然用上常识课的方式对幼儿进行科学教育。

2001年,《幼儿园教育指导纲要(试行)》中,科学领域成为幼儿园五大教育领域之一。随后,幼儿园有关科学领域的各种学习活动都被称为"科学教育活动",围绕着学前儿童科学教育进行的理论探讨和实践研究也不断增加。尽管对科学教育的定义有多种,但核心内涵基本一致。我们可以把学前儿童科学教育定义为:教师引发、支持和引导幼儿积极主动地经历从探究到发现,获得有关周围物质世界及其关系的经验的过程。

二、学前儿童科学教育的特点

《幼儿园教育指导纲要(试行)》指出:"幼儿园应为幼儿提供健康、丰富的生活和活动环境,满足他们多方面发展的需要,使他们在快乐的童年生活中获得有益于身心发展的经验。"这说明幼儿园教育具有生活性、活动性、情境性、发展性的特点。学前儿童科学教育是幼儿园教育的组成部分,因此具有以上特点。除此此外,学前儿童科学教育还具有其自身的特点。

(一) 学前儿童科学教育内容追求生活化

在实践中,我们常常发现教育活动内容越是贴近幼儿实际生活,越能引起幼儿自主探究的欲望,也越能让幼儿体验到科学的有趣和神奇。因此,教育活动要立足幼儿的生活,关注幼儿的需要,科学教育内容应注重联系幼儿已有的生活经验,并以幼儿的经验为基础,开展适宜幼儿探究的科学活动,通过教师的指导使幼儿原有的经验得到提升。

(二) 学前儿童科学教育体现趣味性

学前儿童科学教育的活动内容与形式虽然是由教师按照教育目标来确定的,但是确定的依据来自教师对幼儿的观察和对他们学习科学的规律和特点的了解。学前儿童科学教育应从满足幼儿发展的需要出发,为幼儿提供可以直接观察到的客观事物,引发幼儿兴趣,促进多种感官参与,让幼儿通过自己的主动探究建构和理解科学概念,获得知识经验。

(三) 学前儿童科学教育过程彰显探究性

探究性主要表现在幼儿直接作用于客观事物或现象,在科学教育中经历提问、猜想、验证、发现、讨论交流、得出结论等一系列过程。在探究过程中,幼儿是积极主动的,能够产生疑问,具有寻求答案的强烈愿望,进而产生探究的动力。活动过程就是幼儿猜想验证、尝试解决问题、发现或获得经验的过程。学前儿童科学教育的组织方式应体现灵活性和多样性。在活动形式上注重集体活动、小组活动和个别活动的有机结合,无论是正规性科学活动还是非正规性科学活动,教师都应成为幼儿探究活动的引导者和支持者,将科学教育内容渗透到幼儿的一日各项活动之中,综合利用各方面的资源,提供丰富的探索材料,创设适宜幼儿探究的环境,适时引导幼儿感受科学现象的有趣。学前儿童科学教育的灵活性和多样性是幼儿探究活动得以延伸和发展的重要条件。

三、学前儿童科学教育的价值

对学前儿童进行科学教育是人类社会进步的必然要求,是学前儿童发展的需要,也是学前儿童全面发展教育必不可少的组成部分,无论从社会的需要来看,还是从学前儿童的个体发展来看,都具有重要意义。

(一) 学前儿童科学教育与社会发展

1. 重视学前儿童科学教育是时代发展的需要

当今,科技发展日新月异,人们的生活也因此而不断变化。高新技术从未像今天这样向我们涌来,深入人类生活的方方面面。要适应这样的生活,即使是最普通的人也需要具有一定的科学素养。因此,从学前期普及科学教育,提高全民族的科学素养,已经成为时代的呼唤。

2. 重视学前儿童科学教育是国家竞争的需要

在当前时代背景下,国家之间的竞争逐渐演变为科技实力的竞争,而科技实力竞争的基础是教育,是人才。因此,世界各国对科学教育都给予了前所未有的高度重视。1957年,苏联成功发射世界上第一颗人造卫星,美国全国上下深受震撼,惊呼这是科技领域的"珍珠港事件"。1959年美国组建了由教育家布鲁纳牵头,十多位各学科的著名科学家参与的科学课程研究小组,对科学课程进行了全面的反思。20世纪80年代以来,美国投入大量的人力、物力和财力,对科学教育包括科学教材进行了一系列的重大改革。科技人才的培养核心在于科学教育,学前儿童科学教育既是起点,也是基石。

(二) 学前儿童科学教育与个体发展

1. 有利于幼儿的好奇心和探究欲培养

好奇心和探究欲是学前儿童认知活动开展、维持和获得成功的前提条件。学前儿童天生有好奇心,但这种好奇心需要成人的精心呵护和培养。从学前儿童接触的大自然和社会中取材,对他们进行科学启蒙教育,可以使学前儿童的好奇心和探究欲望得到进一步的发展。

2. 有利于幼儿积累科学经验和获得解决问题的策略

幼儿通过参与数学、天文、物理、化学、生物等多学科、多领域的科学教育活动,获取丰富的早期科学经验。早期科学经验为幼儿将来理解抽象的科学知识奠定了基础,也为他们在生活中解决一些实际问题提供了参考。例如,幼儿在科学探索中通过感官获取经验,从而学会了用观察的方法探索问题;通过运用尺子,学会了用测量的方法获取更精确的信息等。

3. 有利于幼儿良好个性和品质的发展

在科学教育活动中,教师为幼儿提供了宽松的环境、充足的材料,并进行恰当的引导,鼓励他们在活动中动手动脑,通过自己的探索去发现和解决问题,这样能够培养他们独立思考、分工合作、自信坚韧等良好个性和品质。

课后思考题

1. 学前儿童科学教育的内涵是什么?
2. 论述学前儿童科学学习的特点。
3. 为什么要开展学前儿童科学教育?

第二章 学前儿童科学教育的目标

1. 了解学前儿童科学教育目标制订的依据。
2. 掌握学前儿童科学教育的目标体系。
3. 掌握学前儿童科学教育活动目标设计的要点。

情境导入

在一次小班科学活动中,教师设计了"水果沉浮"的科学活动,预设目标是观察水果在水中的沉浮现象。活动开始时,教师首先在每张桌子上放好苹果、香蕉、葡萄等水果和一盆水,然后对幼儿说:"小朋友们,你们知道这些是什么吗?"接着,又继续引导:"水果宝宝想到水里去玩一玩,请你们帮忙把水果放到水里,看看它们在水里是怎么样的?"于是每个幼儿拿了一个水果在水里玩了起来,有的拿住不放,有的在水里拍拍打打,没有认真观察水果在水里的沉浮情况。

思考:你觉得教师的目标制订得是否合适?幼儿的表现能实现活动目标吗?科学活动的目标应如何设计、如何实现呢?

第一节 学前儿童科学教育目标的制订依据

学前儿童科学教育的目标是幼儿园科学教育的起点和归宿,是幼儿园科学教育评价的依据。学前儿童科学教育的目标是根据学前教育的总目标,是结合学前儿童的发展、社会的要求和学科特点制订的,是学前教育总目标在科学教育中的具体体现。

一、学前儿童的发展与学前儿童科学教育目标

《幼儿园教育指导纲要(试行)》提出:幼儿园教育应尊重幼儿身心发展的规律和学习特点,关注个别差异,促进每个幼儿富有个性的发展。因此,学前儿童科学教育应根据幼儿的发展水平和规律,考虑幼儿发展的需要,制订出能促进其发展的科学教育目标。幼儿对周围世界充满了好奇心,他们对自己感兴趣的问题总是有着强烈的

探究热情,因此,教师在引导幼儿进行科学探究时,要考虑幼儿的年龄水平和思维特点,让幼儿在科学教育活动中实际操作,亲身体验,才能使他们获得关于事物的最直接也是最有效的操作经验。同时幼儿在不懈地探究自己感兴趣的事物过程中,总是积极地进行建构并用自己的理论来解释他们所看到的一切。由于幼儿对科学现象的好奇心和兴趣处于萌芽状态——不稳定、不持久,容易受周围环境和成人态度的影响,而且他们建构的理论基于有限的经验,可能有不合理和不完善之处,因此,需要通过科学教育满足幼儿的探究兴趣,保护幼儿的好奇心,使幼儿在教师的支持与鼓励中发展兴趣,稳定对科学的积极情感并初步形成求真务实态度,完善其建构的理论,这也会对幼儿日后具有正确对待周围事物和生活的态度产生积极的影响。学前儿童科学教育是科学启蒙教育,重在激发幼儿的认知兴趣和探究欲望。因此,我们应研究幼儿的兴趣需要和动机,了解幼儿已有的生活经验和社会生活背景,根据幼儿的年龄特征设置科学教育目标,从有利于幼儿将来的科学学习,养成良好的科学素养出发,对幼儿进行科学启蒙教育,引导幼儿在日常生活和教育活动中生动、活泼、主动地学习,以取得良好的教育效果。

科学教育对幼儿发展之所以重要,是因为科学活动不仅为幼儿提供了扩展兴趣和主动建构认知的机会,而且丰富的科学教育资源有利于幼儿获得直接经验,为日后的学习奠定基础。更为重要的是,幼儿在专心参与科学探究活动的过程中,能够养成自己动手动脑的探究习惯,在了解周围世界的过程中初步形成对社会的理解并与他人交流互动。当面对不同观点、不同的解决问题的方法时,幼儿可以学会协调、合作,共同寻求解决问题的方法。幼儿在与环境、他人相互作用的互动过程中,产生积极的情绪体验,有利于幼儿社会性的发展,同时促进自信心、独立性、创造性等各方面个性品质的发展。在确立学前儿童科学教育目标时,应强调让幼儿通过自己的主动活动,用自己的方法获取经验,幼儿的发展具有明显的个别差异,对不同发展水平的幼儿,应尊重其个性,给予必要的适宜的指导,只有这样才能保证每个幼儿在原有水平上获得发展。

二、社会的要求与学前儿童科学教育目标

教育目标与社会生活、社会发展需要密切相关,它体现了社会对幼儿的发展期望和要求,规定了幼儿的发展方向和预期的教育结果。学前儿童科学教育目标的确立,应与社会发展要求一致。我们处在信息化时代,我们的生活中充斥着各种信息,信息和知识的快速更新虽然拓宽了我们的视野,但也让我们深感目不暇接。因此,具有终身发展的愿望与能力、收集和处理各种信息的能力、交流与合作的能力、自主获取新知识的能力以及合作意识、创新意识等良好的情感态度与价值观,是社会发展对人才发展的基本要求。

《幼儿园教育指导纲要(试行)》提出:幼儿教育是基础教育的重要组成部分,是我国学校教育和终身教育的奠基阶段。城乡各类幼儿园都应从实际出发,因地制宜地实施素质教育,为幼儿一生的发展打好基础。这一要求说明了学前儿童科学教育应

该满足幼儿终身发展需要,以适应未来社会发展的要求。同时,现代社会科技发展的基本趋势是分化与综合并存,一方面,新学科不断产生,学科类别分化越来越细,另一方面,学科的综合性也越来越强,交叉学科和前沿学科层出不穷,在知识经济社会,仅仅拥有基本知识和被动接受知识是不能适应社会发展需要的。美国国家科学教育标准把培养公民的科学素养放在首位,明确提出:每一名学生都必须获得科学学习的机会,能接触到训练有素的教师,拥有足够的课堂学习时间和丰富的学习资源,等等;对科学的理解要成为绝大多数公民的基本素养。英国的学校课程则阐明科学教育的价值不仅是促进儿童的理性发展,如理智、批判性的思考能力等,还要促进儿童的非理性发展,如求知欲、好奇心、合作精神、情感的体验等;不仅要使儿童理解科学,学习运用科学改善人的生活,还要通过理解人与自然的关系来保持人类的可持续发展。

我们生活在一个极其依赖科学技术的社会里,理解日新月异的科学与技术发展的能力是我们所应必备的科学素养。幼儿教育是未来教育,幼儿将来要适应多变的、多元发展的社会需要,必须养成综合运用知识解决问题的能力,形成创新意识,具备合理的科学知识结构。因此,具备科学素养是所有科学教育的基本目标,学前儿童科学教育目标应充分考虑现代社会发展的特点和社会发展对人才培养提出的要求,只有这样才能为幼儿的终身发展奠定良好的基础。

三、学科特点与学前儿童科学教育目标

学科特点反映了学科知识自身的特殊性以及所能起到的一般教育功能。科学是实践的产物,是自然界的现象、属性和自然规律的正确反映,是人类对世界认识的成熟的知识结构,它涉及的内容范围广泛,有严密的知识逻辑体系;科学崇尚实证方法,强调用事实证据和逻辑推理获得新的知识。因此,制订学前儿童科学教育目标,需要明确科学的本质特点与幼儿发展需要的关系。

科学本质主要体现在"科学知识""科学过程"和"科学价值观"三个层面上,在学前儿童科学教育目标方面主要表现在:幼儿通过亲历科学活动过程,在"知识与技能""过程与方法""情感态度与价值观"等方面进行学习与体验:第一,获得对科学本质的认识与理解,主要是对科学知识及其性质的理解;第二,获得对科学探究过程和方法的学习与运用;第三,获得科学态度、情感、价值观的形成与发展。

学前儿童科学教育有其自身的学科特点。第一,幼儿对科学的探究源于好奇心。当幼儿注意到周围事物中一些令他们感兴趣、觉得惊奇或者产生疑问的现象时,好奇与兴趣就会成为幼儿探究科学现象的内驱力。科学教育为拓展幼儿的视野提供了条件,也充分满足了幼儿好问、好奇的天性。第二,幼儿是在探索中学科学的。幼儿在观察、探索客观事物过程中发现问题,提出问题,并尝试解决问题,学习科学的方法和技能。在尊重实证的同时,结合观察到的事实进行批判性思考,体验方法与过程的科学性,发展逻辑思维,初步形成尊重事实、尊重证据的求真务实的情感与态度。

第二节　学前儿童科学教育的目标体系

教育目标是教育活动的核心，只有目标明确，才能保证教育活动有序进行，达到预期的教育结果。因为教育目标是按照一定的有序结构组织而成的，所以目标具有层次性和递进性。学前儿童科学教育的目标体系也具有层次结构，以总目标为最高层次，常见体系划分包括横向结构目标体系和纵向结构目标体系两种。

一、学前儿童科学教育的总目标

学前儿童科学教育的总目标是学前儿童科学教育目标体系中概括层次最高的目标。《幼儿园教育指导纲要（试行）》和《3－6岁儿童学习与发展指南》中分别规定了科学领域的教育目标。

《幼儿园教育指导纲要（试行）》提出的幼儿园科学领域的教育目标为：对周围的事物、现象感兴趣，有好奇心和求知欲；能运用各种器官，动手动脑，探究问题；能用适当的方式表达、交流探索的过程和结果；能从生活和游戏中感受事物的数量关系并体验到数学的重要和有趣；爱护动植物，关心周围环境，亲近大自然，珍惜自然资源，有初步的环保意识。

《3－6岁儿童学习与发展指南》将幼儿园科学教育分为"科学探究"和"数学认知"两部分，本教材涉及的科学教育目标、内容和活动均从"科学探究"方面进行阐述。"科学探究"部分的目标包括：亲近自然，喜欢探究；具有初步的探究能力；在探究中认识周围事物和现象。

二、学前儿童科学教育的横向结构目标体系

结合上述，从横向结构，可以将学前儿童科学教育的总目标归纳为三个方面：科学态度、科学能力和科学知识与经验。

（一）科学态度

科学态度启蒙是学前儿童科学教育的重要目标之一。培养幼儿对科学、对自然界的积极情感和态度，将影响其一生的发展。学前儿童科学教育中有关科学态度的目标包括以下几个方面。

1. 激发幼儿的好奇心、兴趣和求知欲

学前儿童科学教育要发展幼儿对周围各种事物（包括自然事物和科技产品）和现象（包括自然现象和科学现象）的好奇心，培养幼儿参与科学探究活动、科技制作活动的兴趣，激发幼儿的求知欲。好奇心和兴趣是幼儿科学探究中的首要目标和前提，不能以牺牲幼儿的兴趣为代价来换取幼儿科学探究能力的发展和对知识的掌握。幼儿的好奇心、兴趣和求知欲常常表现为对新奇的、陌生的、不协调的或者不理解的事物

和现象表现出一种特别的注意和趋向,或亲自探究(包括看似随意的摆弄),或向成人提问。两三岁是幼儿提问的高峰期。

2. 培养幼儿对自然的积极情感和态度

学前儿童科学教育要培养幼儿对自然界的兴趣、审美情趣以及热爱自然的情感和爱护环境的行为。幼儿在探索自然的过程中产生的积极情感和态度会进一步激发他们对周围世界的好奇心,进而促进他们的探究行为。其中,有关自然的情感目标应以建立人与自然的和谐关系为核心。教师不仅要引发幼儿对自然界的探究兴趣,还要培养幼儿对自然的责任感——从人类最基本的同情心出发,关爱生命,尊重自然。同时,还要引导幼儿发现自然界的美,学会欣赏自然界的美。

3. 引导幼儿对科学技术的关注

学前儿童科学教育要培养幼儿关注生活中的科技产品、人造物品,引导他们感受科技发展给生活带来的变化,激发他们学习和运用科学的愿望。科学教育不仅是自然领域的教育,而且涉及社会生活。在现代社会,科学技术和社会的相互联系、相互渗透、相互影响已越来越明显。教师不仅要引导幼儿探索科学,还要引导幼儿用正确的态度看待科学,正确地看待科学技术对社会的影响,使幼儿形成正确的价值观。

(二) 科学能力

科学能力的掌握比单纯获得科学知识更有意义,幼儿只有掌握了必需的科学能力,才能真正成为主动的学习者。《3-6岁儿童学习与发展指南》中提出的科学能力方面的目标是"具有初步的探究能力"。"幼儿科学学习的核心是激发探究兴趣,体验探究过程,发展初步的探究能力"。对幼儿来说,"动手动脑、学会探究"应该是必须掌握的重要能力。学前阶段科学能力的培养,需要训练幼儿基本的探究技能,更需要激发幼儿的科学思维;需要指导幼儿像科学家一样做科学,更需要让幼儿在生活中进行有意义的自由探究。在学前儿童科学探究活动中,需注意培养的科学能力有以下:

1. 观察实验能力

观察是一种有目的的知觉活动,也是幼儿学习科学的基本方法,是运用感官直接获取第一手资料的方法。由于幼儿的逻辑推理能力有限,他们获取科学知识的途径更多地依赖于直接观察。通过直接观察所获得的事实材料是幼儿获得科学经验的重要途径。

实验是指在人为控制条件下,利用一定的仪器或设备,通过操纵变量来观测相应的现象和变化的方法。幼儿的科学实验是指幼儿在科学发现活动中,以行动、操作或其他方式验证其发现、推论或预测是否正确的过程和方法(如图2-1所示)。由于逻辑思维发展水平的限制,幼儿在科学实验中对变量的操纵和控制比较简单,所揭示的是事物之间明显的、可见的、表面的因果联系。

图 2-1 幼儿科学实验

2. 科学思维能力

科学思维贯穿于幼儿科学探索的全过程之中。科学不仅仅是动手操作,更是动脑思考。对幼儿来说,动手操作符合其发展特点,为更好地动脑思考提供支持。科学思维能力是指幼儿获取科学知识所必需的思维加工能力。幼儿的思维以形象思维为主,他们虽然不能进行系统的逻辑思维,但可以在具体形象和表象基础上思考事物及事物之间的关系,进行某种程度的推理。科学思维能力的核心是实证思维,即基于事实证据形成合乎逻辑的结论。

3. 表达交流能力

表达作为一种技能,在科学活动中是必不可少的信息交流手段。在科学活动中,以一种别人能理解的方式进行准确而完整的交流是十分必要的。教师应注意培养和引导,使幼儿在科学探究过程中学会运用多种表达和交流的方式。通过表达,幼儿可以对自己的科学探究过程进行思考,强化自己的科学发现,增强自信心。

4. 设计制作能力

设计制作能力是人类运用思维智慧设计计划或方案,选用适当的工具、材料制成成品,以满足需求、改善生活的能力。严格来说,设计和制作不属于科学探究的范畴,而是工程与技术的范畴;设计制作能力有探究的成分,但更强调通过设计和制作解决问题。然而,考虑到科学与技术活动也不是截然分开的,我国当前的幼儿园科学教育体系中没有将两者做严格区分,因此我们也将设计制作笼统地作为科学探究的一部分[①]。

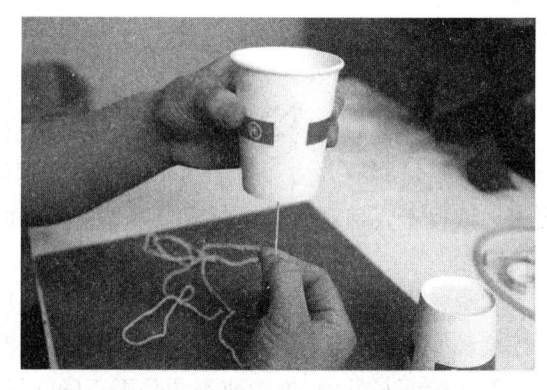

图 2-2 幼儿制作简易扩音器玩具

---

① 张俊,等.幼儿园科学领域教育精要——关键经验与活动指导[M].北京:教育科学出版社,2015:76.

(三) 科学知识与经验

幼儿并不是通过学习抽象的科学概念掌握科学知识的,而是在动手操作的基础上获得经验性的知识。学前儿童科学教育中要尤其注意不能只重知识,避免教育实践中片面追求知识的倾向产生。学前儿童科学教育要关注学习什么样的知识,以及怎样让学前儿童获取知识的问题。因此,在科学教育的过程中要特别注意以下两点。

第一,注重幼儿在自身的实际水平上建构并运用自己的知识经验。也就是说,要根据幼儿的年龄特点、生活经验等选择适合幼儿的内容,在调动幼儿以往相关经验的基础上,以幼儿主动建构知识经验为主,而非教师进行知识灌输。例如,对于"声音是由物体振动产生的"这一抽象的科学概念,教师不能只是口头讲解,而应该在帮助幼儿提取以往生活经验的基础上,为幼儿提供大量的操作、探索性活动,如敲击锅盖后将手放在锅盖上感受其振动等,让幼儿建构关于声音的多样性和产生声音的各种方法等丰富、具体的科学经验。

第二,幼儿是从自己生活的周围环境中获取科学知识的,在认识顺序上表现出一种由近及远的趋向性。也就是说,幼儿所获得的科学知识不应该是脱离生活经验的知识,而应该是和周围事物息息相关的知识。在内容的选择上要坚持由近及远的原则,即先认识身边的、常见的事物,再认识较远的、不常见的事物。例如,处于山区、远离江河湖海的幼儿园,可以先让幼儿认识山区常见的动物、植物,再认识较远的江河湖海中的动物、植物;而处于海边但远离山区的幼儿园则相反。

 拓展阅读

《幼儿园教育指导纲要(试行)》没有专门列出具体的科学知识目标,这个变化说明了什么呢?是科学知识不再重要了吗?还是科学教育没有必要教给学前儿童知识?我们认为,科学教育不应该也不可能取消知识的目标。《幼儿园教育指导纲要(试行)》中没有专门列出具体的科学知识目标。可从以下几方面来理解:

第一,尽管《幼儿园教育指导纲要(试行)》没有明确规定科学知识的目标,但是作为科学探索过程的结果,知识的目标已隐含在其他的目标中。如《幼儿园教育指导纲要(试行)》明确提出了"求知欲"的目标,这是学前儿童获取科学知识的最大动力;对科学探索的过程——"运用各种感官、动手、动脑,探究问题"提出了详细的要求,这是学前儿童获取科学知识的必由之路;还特别强调"能用适当的方式表达、交流探索的过程和结果",实际上也暗示了学前儿童需要通过同伴之间的表达、交流和分享来共同建构科学知识。

第二,学前儿童的学习是一种个性化、经验化的学习,不同地域、不同经验背景的儿童所获得的科学知识会具有很大的差异,如城市儿童和农村儿童的知识经验会有很大差别,北方儿童和南方儿童对季节的感受也截然不同。我们要强调学习的经验性,就不宜对学前儿童应该获得哪些科学知识作具体的规定。

第三,从知识与能力的关系来看,二者之间既有联系,又存在差异。一方面,能力发展要建立在一定的知识基础之上,但从另一方面看,知识的获得并不必然导致能力的发展,因此,不可以将知识等同于发展,更不可简单地用知识的多少来评判儿童发展水平的高低。

三、学前儿童科学教育的纵向层次目标体系

从纵向层次来看,因为学前儿童科学教育包含系列不同层次的、不同形式的活动,所以学前儿童科学教育目标形成了从高到低、由远及近、由概括到具体的目标层次体系(如图2-3所示)。学前儿童科学教育总目标是目标体系中概括层次最高的目标。由于它的概括性高,在实践中,它需要具体化为年龄阶段目标,才能指导我们开展实际的科学活动,而后是单元目标,最后是具体的科学活动目标。

图2-3 学前儿童科学教育的目标层次

(一)学前儿童科学教育的年龄阶段目标

学前儿童各年龄阶段的科学教育目标是按幼儿年龄划分的中短期幼儿科学能力发展目标,一般分为小班、中班、大班的教育目标。在不同地区、不同情况下,即使是处于同一年龄阶段的幼儿,也可能存在较大的差异。因此,教师在组织科学教育活动时,可以借鉴《3-6岁儿童学习与发展指南》中科学领域里的不同年龄的目标和教育建议,结合本班幼儿实际情况,制订合适的年龄阶段目标。

 拓展阅读

《3-6岁儿童学习与发展指南》科学教育领域的目标

幼儿科学学习的核心是激发探究兴趣,体验探究过程,发展初步的探究能力。成人要善于发现和保护幼儿的好奇心,充分利用自然现象和实际生活,引导幼儿通过观察、比较、操作、实验等方法,获得发现问题、分析问题和解决问题的能力,

帮助幼儿不断积累经验,并运用于新的学习活动,形成受益终身的学习态度和能力。

幼儿的思维特点是以具体形象思维为主。教师应注重引导幼儿通过直接感知、亲身体验和实际操作进行科学学习,不应为追求知识和技能的掌握,对幼儿进行灌输和强化训练。

目标 1　亲近自然,喜欢探究

3~4 岁	4~5 岁	5~6 岁
① 喜欢接触大自然,对周围的很多事物和现象感兴趣。 ② 经常问各种问题,或好奇地摆弄物品。	① 喜欢接触新事物。经常问一些与新事物有关的问题。 ② 常常动手动脑探索物体和材料,并乐在其中。	① 对自己感兴趣的问题总是刨根问底。 ② 能经常动手动脑寻找问题的答案。 ③ 探索中有所发现时感到兴奋和满足。

目标 2　具有初步的探究能力

3~4 岁	4~5 岁	5~6 岁
① 对感兴趣的事物能仔细观察,发现其明显特征。 ② 能用多种感官或动作去探索物体,关注动作所产生的结果。	① 能对事物或现象进行观察比较,发现其相同与不同。 ② 能根据观察结果提出问题,并大胆猜测答案。 ③ 能通过简单的调查收集信息。 ④ 能用图画或其他符号进行记录。	① 能通过观察、比较与分析,发现并描述不同种类物体的特征或某个事物前后的变化。 ② 能用一定的方法验证自己的猜测。 ③ 在成人的帮助下能制订简单的调查计划并执行。 ④ 能用数字、图画、图表或其他符号记录。 ⑤ 探究中能与他人合作与交流。

目标 3　在探究中认识周围事物和现象

3~4 岁	4~5 岁	5~6 岁
① 认识常见的动植物,能注意并发现周围的动植物是多种多样的。 ② 能感知和发现物体和材料的软硬、光滑和粗糙等特性。 ③ 能感知和体验天气对自己生活和活动的影响。 ④ 初步了解和体会动植物和人们生活的关系。	① 能感知和发现动植物的生长变化及其基本条件。 ② 能感知和发现常见材料的溶解、传热等性质或用途。 ③ 能感知和发现简单物理现象,如物体形态或位置变化等。 ④ 能感知和发现不同季节的特点,体验季节对动植物和人的影响。 ⑤ 初步感知常用科技产品与自己生活的关系,知道科技产品有利也有弊。	① 能察觉到动植物的外形特征、习性与生存环境的适应关系。 ② 能感知和发现物体的结构与功能之间的关系。 ③ 能探索并发现常见的物理现象?产生的条件或影响因素,如影子、沉浮等。 ④ 感知并了解季节变化的周期性,知道变化的顺序。 ⑤ 初步了解人们的生活与自然环境的密切关系,知道尊重和珍惜生命,保护环境。

(二) 学前儿童科学教育的单元目标

单元目标是一个单元的教育目标,是年龄阶段目标的具体化及分段性目标。这里的单元既可以是时间单元,也可以是主题单元,而时间单元又可根据时间长度划分为学期目标、月目标、周目标和日目标(如图2-4所示)。

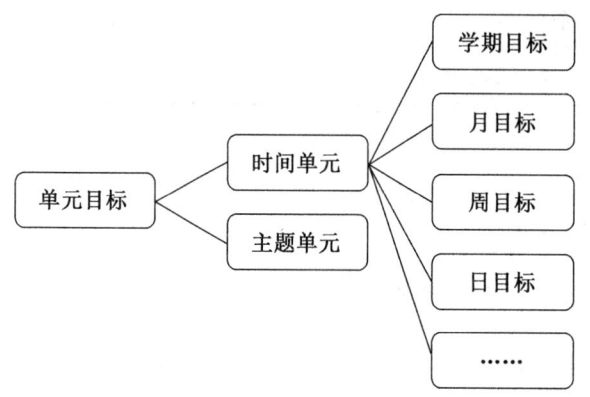

图2-4 单元目标的形式

1. 时间单元目标

时间单元目标即在一段时间内所要达成的科学教育目标。以下是某幼儿园小班10月份的科学教育目标:

① 愿意接触大自然。
② 有好奇心,喜欢模仿、摆弄。
③ 认识易于接触的动物——兔子,了解其主要外形特征及生活习性。
④ 认识易于接触的植物——一串红,了解其主要外形特征。
⑤ 了解自己身体的主要部位——脸,并学习如何保护自己的脸。
⑥ 通过观察秋天的景色,初步体验大自然的美。
⑦ 初步学习运用感官认识物体。

2. 主题单元目标

主题单元目标没有具体的时间限制,是在一组有主题关联的科学教育活动全部结束后所要达到的目标。学前儿童科学教育主题的依据也是多样的,有的是以季节为主线构建主题;有的则以自然科学现象为主题;也有的以人的活动为主线构建主题。该类目标指导的对象是多次活动,目标内容较总目标和年龄目标更具体、详尽。同时还具有一定的概括性,在具体开展单元中的某个活动时,需要根据单元目标再次细化。

例如,某幼儿园大班"奇妙的蛋"主题科学活动目标如下:

① 加深对蛋的认识和了解,知道蛋作为食物能为人类提供不可缺少的营养。
② 知道各种各样的蛋与动物繁衍及人们生活的关系,感受现代孵化技术的进步。

③ 能利用蛋来学习分类统计和奇偶数。

④ 运用多种方式进行创作，喜欢动手操作，具备一定的艺术表现能力和语言表达能力。

⑤ 享受有关蛋的游戏带来的乐趣，体会生命的奇妙之处，养成乐于探索的习惯。

(三) 学前儿童科学教育的活动目标

学前儿童科学教育活动的目标是指一次具体的科学教育活动所要达到的目标，是科学教育中最下位、最具体的目标。它必须根据科学教育的总目标、年龄阶段目标，结合科学教育单元目标及具体科学活动的内容和特点制订，是比较微观、可操作的目标。

例如，大班科学活动"让影子消失"的目标如下：

① 尝试用各种方法让影子消失，了解影子产生的条件，发现"形影不离"的现象。

② 通过让影子消失，体验大胆猜测、亲自验证的探究过程，萌发尊重事实的科学态度。

以上四个层次的科学教育目标从高到低、从远到近、从概括到具体，构成一个金字塔形的目标层次结构。各目标之间相互衔接、相互联系，体现了幼儿心理发展及科学经验获得的层次递进性。

第三节 学前儿童科学教育活动的目标设计

学前儿童科学教育任务和目标要通过一个个的具体教育活动而实现。活动目标要与总目标、年龄阶段目标一致，与单元目标相契合，并密切针对幼儿身心发展的实际水平和新需求，在幼儿的最近发展区内开发其潜能。活动目标相比主题目标更应突出针对性、趣味性、活动性和可操作性。拟定具体科学教育活动目标的原则与注意事项如下。

一、活动目标的制订应与总目标、年龄阶段目标保持一致

每一次具体教育活动的目标的内容和要求，在方向上应与总目标、年龄阶段目标相一致，要为阶段目标和终期目标服务，要根据学前儿童的年龄特征和发展水平，由浅到深、循序渐进地制订，体现各层次教育目标的一致性。

例如，大班科学活动"转动的陀螺"的目标如下：

① 在自主探究中感知陀螺转动的不同现象，能较清楚完整地介绍自己的探索过程及感受。

② 体验探究陀螺转动的活动的乐趣，乐意与同伴分享交流。

③ 学习用符号等方法记录探索的过程和自己的发现。

上述活动目标中，目标①符合《3-6岁儿童学习与发展指南》中对5~6岁幼儿科学知识和经验方面"在探究中认识周围事物与现象"的要求，体现了各层次教育目

标的一致性。《幼儿园教育指导纲要(试行)》中指出科学教育目标要培养幼儿对周围的事物、现象感兴趣,有好奇心和求知欲;能运用各种感官,动手动脑,探究问题,能用适当的方式表达、交流探索的过程与结果。本案中目标②③与此精神相一致,保证了幼儿科学教育总目标和年龄阶段目标的有效落实。

二、活动目标的制订要全面,注重幼儿的终身学习和发展

具体科学教育活动目标一般从知识与技能、情感与态度、过程与方法三个维度来设计和制订。活动目标要避免偏重知识概念,要注重幼儿的学习能力和态度培养,促进其终身学习和发展。例如,上述案例"转动的陀螺"活动目标即从三个维度预设,全面完整。教师在设计教学目标时,要注意充分挖掘科学教育活动的多方面价值。

三、活动目标的制订要具体、细化

教育活动目标是教学过程的指引,是评价教学效度的标尺,只有具体的、有针对性的目标,才能够为教学过程导航,才能够检测学习达成度,因此我们在制订教学活动目标时,要首先对幼儿学习能力分析透彻。在目标表述上要具体,具有较强的操作性,所期望的教育成果基本上是可以观察或测量的。学前儿童科学教育活动目标的具体表述方法,可以采用"三大维度＋ABCD"模式进行表述。

(一) 三大维度

布鲁姆教育目标分类法将教育活动目标划分类三大维度,分别为:
① 认知领域维度,包括知识的掌握和认知能力的发展;
② 动作技能领域维度,包括感知动作、运动协调、动作技能的发展,以及智慧技能的发展;
③ 情感领域维度,包括兴趣、态度、习惯、价值观念和社会适应能力的发展。
由上所述,科学教育活动目标的三个维度所指的具体内容如下:
① 科学知识维度,包括科学的感性经验、科学概念。
② 科学技能、科学思维维度,包括观察、分类、对比、测量、猜想、验证、实验等科学方法。
③ 科学情感、态度、习惯维度,包括兴趣、好奇心、态度、求知欲、习惯、精神等。

(二) ABCD 模式

马杰提出的 ABCD 模式认为,行为目标具体在表述过程中应当包含 ABCD 四个要素,其中 A(Audience)是指学习者,B(Behavior)是指行为,C(Condition)是指条件,D(Degree)是指程度。它可以精确、具体、可操作地表述教学目标,它特别适合基础知识、基本技能领域目标的表述、实施和评价。
在学前儿童科学教育中,ABCD 指代的对象如下:
A:表示行为的主体是幼儿;
B:指行为、动作、技能;

C：指条件与方法（通过……）

D：指程度（了解、知道、掌握、运用、创造）。

例如，小班科学活动"橘子宝宝"的活动目标按照"三大维度＋ABCD"模式，表述如下：

科学知识维度：学习运用闻、看、摸、尝等方式感知橘子的颜色（橘红色、橘黄色、绿色）、味道（酸、甜）、外形特征（柔软的、硬的）；通过探索剥橘子的方法，认识橘子由8～10瓣组成，了解橘子有籽的内部结构。

科学技能维度：将橘子与橙子进行对比观察，区别两者。

科学情感维度：愿意在全班幼儿面前大胆地讲述，体验活动的乐趣。

中班科学活动"会变魔术的镜子"的活动目标按照"三大维度＋ABCD"模式表述如下：

科学知识维度：通过弯曲镜片，感知凹凸镜面反射出的不同的影像效果。

科学技能维度：观察、比较镜片的不同弯曲方法，并尝试用图示记录观察结果。

科学情感维度：体验玩哈哈镜游戏的乐趣。

四、活动目标要适宜于幼儿整体的最近发展区

很多时候，因为我们对幼儿不了解，所以导致活动时发生这样或那样的问题，不能有效地促进幼儿的发展。因此，教师要为幼儿设定一个目标的"最近发展区"，即幼儿现有的与可能发展的情感、能力、经验之间的距离。

例如，中班科学活动"各种各样的纸制品"，教师为此制订的知识目标是"收集、观察各种各样的纸制品，了解其质地和用途"。显然，这样的目标定位只停留在浅层次的观察上，对中班幼儿来说无须付出努力就能做到，所以我们在知识点的难易层次上必须提升一个梯度，如可增加"尝试根据某一特征给各种纸制品进行分类"的目标，这样才能让幼儿充分感受到"跳一跳才能摘得到果子"的成功感。

五、活动目标的陈述要统一、规范

从表述的方式来说，学前儿童科学教育活动的目标通常采用"行为目标"的方式。行为目标是具体的、可操作的教育活动目标，它指向活动过程后幼儿所发生的行为变化，常以"学习""知道""理解""发现""体验"等方式表述。

例如，大班科学活动"有趣的弹簧玩具"的活动目标表述如下：

① 能发现周围环境中有弹性的东西。

② 学习用铁丝在筷子上缠绕弹簧的技能。

③ 能用完整的语言表述在探索过程中的发现和感受。

"有趣的弹簧玩具"中活动目标表述用了"发现""学习""表述"等行为动词，体现了以幼儿为行为主体，表明这是活动所期望达到的结果。目标采用明确的操作性的动词来表述，有利于教师关注幼儿的发展，也便于评价目标的达成情况。

活动目标也是教师心中预期的达成方向，也可以从教师的角度提出，使用诸如

"培养""帮助""引导""发展""鼓励"等字眼(如大班科学活动"声音从哪里来")。需要注意的是,在表述目标的时候,不论采用教师还是幼儿的视点,前后必须统一,以体现对目标的整体思考为宜,避免出现表述方式不一的现象。

例如,大班科学活动"声音从哪里来"的活动目标表述如下①:

① 通过实验使幼儿了解声音是由物体振动产生的这一科学道理,了解声音的高低与频率的关系,强弱与振幅的关系,音色与发声体的关系。

② 发展幼儿的听觉辨别力和对声音的感知能力。

③ 培养幼儿的探索兴趣和求知欲望。

课后思考题

1. 制订学前儿童科学教育活动目标的依据有哪些?
2. 分析学前儿童科学教育总目标、年龄阶段目标、单元目标、活动目标之间的内在关系。
3. 请以"蜗牛"为主题制订大班科学教育活动的目标。

---

① 李维金. 学前儿童科学教育[M]. 2版. 北京:科学出版社,2011:36.

第三章　学前儿童科学教育的内容

学习目标

1. 理解并掌握学前儿童科学教育内容的选择原则。
2. 熟悉学前儿童科学教育的内容范围。

情境导入

某幼儿园教师设计的10月份的科学教育内容主要有:我们长大了、美丽的菊花、丰收的果实、可爱的小兔子、有趣的沉浮现象、空气的作用。

思考: 该教师为什么选择这些学习内容?选择这些学习内容的依据是什么?学前儿童科学教育的内容应该包括哪些方面?

第一节　学前儿童科学教育内容的选择

学前儿童科学教育活动内容的选择主要以学前儿童科学教育活动的目标为依据,并要求符合《幼儿园工作规程》和《幼儿园教育指导纲要(试行)》中的相关精神,如"增进对环境的认识,培养有益的兴趣和求知欲望,培养初步的动手探究能力"。而在具体选择学前儿童科学教育内容时,还要考虑以下六个原则。

一、科学性和启蒙性原则

科学性和启蒙性是选择学前儿童科学教育内容的基本要求。一方面,学前儿童科学教育的内容应符合科学的原理,不能违背科学事实,例如"先看到闪电后听到雷声是因为眼睛在耳朵前面"之类的脑筋急转弯,不适合作为幼儿科学教育的内容。另一方面,科学性又应该和启蒙性相结合,即提供给学前儿童的科学学习内容应是一种粗浅的科学知识,以激发幼儿的好奇心和科学探索的欲望,启发幼儿的科学学习,而不能超越幼儿的发展水平和理解能力。

科学性和启蒙性是相互联系、相互依赖的。没有科学性,学前儿童科学教育便失去了根本;而忽略了启蒙性,则不能完成科学教育的目标。要兼顾科学性与启蒙性原则,就要求在选择内容时要考虑科学性,在内容的范围和深度上遵循启蒙性。根据科学性和启蒙性原则,选择幼儿科学教育内容应该做到以下三点。

第一,科学启蒙就是要选择幼儿可以直接探索的内容(操作性:看、听、摸、闻等),让幼儿通过自己直接的探索活动,在力所能及的范围内学科学。教师要尽量挖掘幼儿身边的科学内容。例如,在日常饮食方面,教师可以引导幼儿思考吃的食物是从哪里来的?吃的是植物的哪一部分?生熟有什么不同?

第二,科学启蒙就是要选择幼儿可以理解的内容,即注重内容的浅显性。将复杂、深奥的科学道理寓于简单、明显的现象之中,让幼儿通过具体的经验获得对科学知识的粗浅理解。例如,教师可以用纸片振动模拟蜜蜂翅膀发声,而不是将不倒翁涉及的杠杆原理、势能、摩擦系数等介绍给幼儿。

第三,科学启蒙就是要选择幼儿日常生活中熟悉的内容,将科学教育活动渗透于一日生活之中,引导幼儿发现日常生活中的科学内容。尽量选择幼儿自己发现的内容,如从幼儿身边熟悉的小动物、植物、气象现象延伸至宇宙飞船等。在介绍灯具时可以让幼儿了解历史上不同的灯具,介绍现代通信工具时,可向幼儿介绍古代的通信工具如烽火台、信鸽等,也可以请幼儿猜测未来还会有哪些通信工具出现等。

二、系统性和整体性原则

所谓系统性即学前儿童科学教育的内容应当由近及远、从简单到复杂、从浅至深有系统地编排。在纵向上,选择内容时要从幼儿的年龄段及整体来考虑,所选内容的深度和容量要随着幼儿年龄的增长而增加。在横向上,选择内容时要考虑事物与事物之间的逻辑关系。所谓整体性即在选编学前儿童科学教育内容时,要考虑与其他领域教育内容如语言、数学、社会、健康等的相互配合,相互渗透,综合进行。

学前儿童科学教育活动是对幼儿进行科学的启蒙教育,强调幼儿的科学兴趣和科学态度,但并不意味着在选择和编排科学教育内容时就可以杂乱无章,不需要系统性和整体性。事实上,自然界本身就是一个整体,学前科学教育的内容应该根据自然界的客观规律、人的认识规律以及幼儿的思维发展特点来考虑科学教育内容的系统性。人类认识世界经历了由粗略到精细的过程,学科的分化正反映了人类认识的深度和精度。幼儿在认识周围的整体世界的过程中,其认知发展也遵循从整体到局部,从粗略到精细的规律,复演了整个人类的认知过程。

根据系统性与整体性原则,选择学前儿童科学教育内容时应该注意以下两点要求:

第一,在选择内容时,可采用直线式上升或螺旋式上升的方式。直线式上升是指同一方面的内容按由易到难、由简到繁的顺序予以安排。例如,选编"认识太阳"这一主题时,让小班幼儿知道太阳是圆的,能发出强光;让中班幼儿知道太阳光有紫外线,长时间照射伤害人的皮肤;让大班幼儿知道世界上的动植物生存都离不开太阳的原理。螺旋式上升是指同一内容反复出现,循环加深。以"认识四季"这一内容为例,在小、中、大班都可以进行,但内容的侧重点不同及具体要求不同。小班主要了解四季的明显特征,中班主要了解四季的变化及规律,大班则要了解四季变化对动植物的影响。

第二,学前儿童科学教育内容不宜过度分化,应将若干有内在关联的内容有机地联系起来。如在选择"冬季"作为科学教育的内容时,除了要让幼儿感知冬季的气候特点外,还要进一步引导幼儿探索冬季动植物的生理变化,冬季对于人们生活的影响等。要注意的是,整体性并不代表"拼凑式",对于不能相融的教育内容,不能生硬地把它们联系在一起。

三、时代性和民族性原则

时代性是指学前儿童科学教育的内容应体现现代科学技术的发展,以适应时代的变化;民族性是指学前儿童科学教育的内容应体现传统文化的特色,以弘扬民族的优秀文化。时代性原则与民族性原则不是对立的,而是相互联系的。例如,在让幼儿了解有关桥的知识时,既要让幼儿了解现代各式各样的桥,如立交桥、斜拉索桥、旱桥(地面上的桥)等,也要让幼儿了解我国古代的一些著名的桥梁,如赵州桥等。在这一系列内容的选择安排中,既遵循了时代性原则,又体现了民族性原则。

学前儿童科学教育活动的内容应该具有时代的气息,体现现代科学的发展及其在社会生活中的应用,以便让幼儿深切体会到科学技术对人类生活的影响。另外,科学教育的内容也应具有民族性,要让幼儿从小了解、继承和发扬中华民族的优良传统,因此要把时代性和民族性完美地结合起来。根据时代性和民族性原则,选择学前儿童科学教育内容时应该注意以下三点要求。

第一,结合幼儿的生活向幼儿介绍现代的先进科学技术,特别是我国在现代科学技术上的成就,如航空技术、计算机技术、现代交通技术等。

第二,向幼儿介绍科学技术的发展,让幼儿在古今的对比中体会现代科学技术的先进和古代人民的智慧,例如地动仪、水车、指南针等。科学技术的进步史,就是人类文明的进步史。了解科学技术的发展历程,能够萌发幼儿探索未知科学的兴趣和欲望。

第三,引导幼儿认识我国具有民族特色的物产,或当地有名的物产。我国地大物博,有许多具有民族特色的物产。例如,我国作为茶的故乡,拥有博大精深的茶文化。教师可以从茶叶入手,引导幼儿观茶、品茗,认识茶叶的多样性。有条件的话,还可以带幼儿去参观茶园,了解茶叶的生长、采摘和制作过程。再如,丝绸也是我国的著名特产,教师可以引导幼儿观察蚕从结茧到吐丝的全过程,参观了解丝绸的制作过程。

知海拾贝

中国古代四大发明

四大发明是指中国古代对世界具有很大影响的四种发明,是我国古代劳动人民的重要创造,一般是指造纸术、印刷术、火药和指南针。

一、造纸术

西汉初年我国发明了造纸术。1986年,甘肃天水放马滩出土的汉景帝时的纸,是迄今所知最早的纸。公元105年,东汉蔡伦改进了造纸术,称"蔡侯纸"。造纸术是书写材料的一次伟大革命。

《后汉书·蔡伦传》记载如下:蔡伦字敬仲,桂阳人也。……伦有才学,尽心敦慎,数犯严颜,匡弼得失。……伦乃造意,用树肤、麻头及敝布、鱼网以为纸。元兴元年奏上之,帝善其能,自是莫不从用焉,故天下咸称"蔡侯纸"。

——《后汉书·蔡伦传》

二、印刷术

隋唐时出现了雕版印刷。868年印制的《金刚经》是世界上现存最早的雕版印刷品。11世纪初,北宋平民毕昇发明活字印刷术,东传至朝鲜、日本,西传埃及、欧洲。印刷术的发明对人类文化的传播和保存,是做出了重大贡献。

宋元时期,我国已有套色印刷技术。山西应县木塔内,发现了辽代的红、黄、蓝三色佛像版画,这是目前发现的我国最早的雕版彩色套印印刷品。

《梦溪笔谈》中关于活字印刷术的记载如下:

转轮排字若止印三二本,未为简易;若印数十百千本,则极为神速。

——沈括《梦溪笔谈》

三、火药

火药由我国古代炼丹家发明,唐中期书籍记载了制成火药的方法,唐末火药已运用于军事。南宋时发明"突火枪",13世纪传入阿拉伯和欧洲。火药的发明和传播改变了中世纪的战争模式,是军事上划时代的一件大事。

四、指南针

战国时人们制作出指示方向的仪器"司南",后来用磁石指南原理制成指南针。北宋指南针运用于航海。13世纪传入阿拉伯和欧洲。指南针的发明和传播为欧洲航海家探索新航路提供了重要条件。

四、地方性和季节性原则

地方性原则是指要联系当地的自然环境和文化背景,从实际出发,灵活选择科学教育的内容。我国幅员辽阔,地跨寒、温、热三带,各地的自然条件和社会环境各不相同,生态环境、自然资源、风土人情、人文历史、科技发展程度差异很大。幼儿的生活环境与其科学的学习密切相关,因此要根据当地的特点选择科学教育的内容,还可以自行编制一些乡土教材,以保证幼儿直观地感受本地区的自然特点。

季节性原则是指应联系季节变化来选择科学教育的内容。科学教育涉及的各种自然现象的发生、发展和变化,大多与季节变化有着密切联系。遵循季节性来选择科学教育的内容,既能丰富、加深幼儿对季节的整体理解,又能帮助幼儿理解事物变化与季节之间的关系。

学前儿童科学教育活动的内容选择应结合当地的自然条件和季节特点,因地、因时制宜。地方性和季节性的要求既是由幼儿认识事物的特点所决定的,也是由自然科学知识的特点所决定的。根据地方性与季节性原则,选择幼儿科学教育内容应注意做到以下三点。

第一,在选择教育内容时,不能照搬照抄现成的资料,而要注重从当地的自然和社会资源中挖掘和选择有价值的教育内容,如教师可以自己结合地方特点和季节特点编写地方课程或园本课程。在自身资源中进行选择,形成具有鲜明园本特色的教育内容。

第二,要会灵活地替换教育内容,即用当地幼儿熟悉的事物代替相应的教育内容。比如,在认识石头的内容方面,住在山区的幼儿可以认识山上的石头,住在河边的幼儿则可以捡鹅卵石……尽管他们认识的具体事物不同,但都有机会运用感官感知和观察石头的特征,而且由于观察的对象是他们熟悉的,还能萌发幼儿对自己家乡的热爱之情。

第三,要根据当地的季节变化,安排教育内容。我国不同地区的季节差异很大,北国仍是冰封的时候,南国已是鸟语花香。因此,幼儿园教育计划的制订要根据本地的季节特点,选择合适的时机。此外,还要根据当地的具体情况,由近及远地安排教育内容。

地方性和季节性的要求并不等于一定要认识当地可见的事物,当地没有的事物也可以认识,只是同样要遵循由近及远的顺序,即先认识身边的、常见的事物,再扩展到较远的、不常见的事物。

五、广泛性和代表性原则

广泛性指的是选择学前儿童科学教育内容应该尽可能包含诸多方面,涉及天文、地理、生物、物理、化学、现代科学技术等,确保教育活动让幼儿获得广泛的科学经验;而代表性指的是科学教育选择的内容要能典型反映某领域的基本知识结构。

自然科学涉及丰富多样的内容,这些综合性的科学内容都是可以通过精心设计来让幼儿进行学习和探索的。同时,科学就在幼儿的身边,这也为幼儿提供了探索的可能。幼儿对于丰富多彩的科学内容充满了兴趣和好奇,无论是太阳的东升西落,还是春天飞扬的柳絮、冬天洒落的雪花,抑或是园林小鸟的鸣叫等都能使其产生无数的疑问,提出各种问题,这反映了幼儿渴望了解丰富多彩世界的心理需要。因此,只有为他们提供广泛的科学教育内容,使他们有机会与大千世界充分接触,才能满足他们探索的需要,进而促使他们获得多样的科学知识和科学体验。要注意的是,广泛性并不代表面面俱到,过于繁杂、混乱的信息对于幼儿科学经验的储备和思维的发展都是不利的,因此,在选择科学教育内容时还要注意内容的代表性,也就是使幼儿对科学知识的各个方面都有最基本的了解,掌握其最基本的结构。只有这样,才能为幼儿今后进一步学习系统的科学知识奠定坚实的基础。

根据广泛性和代表性原则,选择幼儿科学教育内容应注意做到以下三点。

第一,坚持从广泛的范围中选择内容。我们既可以将选择范围确定在幼儿的日常生活中,也可以从广泛的学科知识方面进行选取。前者可包括生活中的食物,天气变化,等等;后者可以从自然科学体系中得到启发,按知识领域确定,如根据力的知识点可以选择沉浮游戏、转风车、降落伞等。

第二,衡量所选内容的代表性。代表性的衡量标准主要在于幼儿学习完某一内容后是否能举一反三,为他们学习类似的科学内容提供帮助。例如,通过"认识牵牛花"的活动,幼儿对牵牛花的形态、结构、生活环境等方面的认识经验为幼儿将来学习其他植物打下基础。再如,在对水的认识活动中,幼儿通过观察、操作、实验,不仅获得了关于水的三态(液体、固体、气体)的认识,积累了关于水的科学经验,而且也为他们认识其他物质的多种存在状态奠定了基础。

第三,全面均衡地选择各部分的内容。科学内容涉及较广,教师在为幼儿选择科学教育内容时,应该尽量让幼儿获得对世界较完整的认识。因此,要考虑所选择的内容是否涉及更多范围,各个部分内容的比例是否协调,不能过多偏重某方面的内容或者某个内容的某个部分,而忽视其他方面。如认识植物时,不仅让幼儿认识不同植物的外形特征与生长特点,还应该引导幼儿探索植物与人和环境之间的关系,以帮助幼儿获得较为全面而又具有代表性的科学经验。

六、趣味性和探究性原则

趣味性原则是指选择的内容必须是幼儿感兴趣的、简单生动的、易接受的。兴趣是幼儿主动学习和发展的源动力。幼儿天生具有强烈的好奇心和求知欲，教师应当开发和利用幼儿感兴趣的事物和问题，扩展成幼儿科学教育的内容。

探究性原则是指选择的内容尽可能使幼儿通过自身的能力观察、操作和思考，报告自己的发现，得出自己的结论。科学教育活动是以幼儿为主体的探究性学习的过程，幼儿是主动的探究者和发现者，是知识经验的建构者，教师是幼儿活动的支持者和引导者。

根据趣味性与探究性原则，选择幼儿科学教育内容应注意做到以下两点。

第一，选择幼儿身边熟悉的、感兴趣的内容，引导幼儿发现日常生活中的科学。从幼儿周围生活和环境中常见的事物和现象入手，开发和利用幼儿感兴趣的事物和想要探究的问题，并将其扩展成为幼儿科学教育的内容。幼儿对自己身边这些感兴趣的、熟悉的内容已经积累了一定的生活经验，具备了一定的感性认识和基础常识，这不仅为实现科学教育目标提供了良好的前提，而且还会使幼儿真正感受到"科学并不遥远，科学就在我们身边"。

第二，选择幼儿可以直接探究的简单易行的内容。考虑到幼儿的年龄和智力水平因素，教师不能选择复杂的探究内容。教师要选择幼儿能够直接探索的内容，使幼儿可以亲身经历科学探究的过程，感受科学探究的方法，激发幼儿对科学知识的兴趣，体会科学发现的乐趣和成功的快乐，并且形成科学的态度和科学的探索能力。

第二节 学前儿童科学教育内容的范围

在幼儿园五大领域课程中，科学领域的教育内容极其广泛，这既为教师开展科学教育提供了广阔的空间，同时也向教师提出了一个问题——如何选择科学教育的内容呢？本教材将学前儿童科学教育的内容大致划分为物质科学、生命科学、地球和空间科学以及科学与技术四个范畴。

一、物质科学

天生的好奇心促使幼儿通过感知和操作周围环境中的物体和材料不断地探究世界。幼儿在摆弄这些物体和材料的过程中，了解它们的基本特征，发展自己的科学探究能力。学前儿童科学教育中物质科学的内容常包括物体和材料的性质。

（一）物体和材料的性质

学前儿童科学教育中对于物体和材料的性质可从以下方面展开探究。

（1）运用感官对常见的物体进行观察和摆弄，获取并描述物体的性质和特征，如物体的颜色、大小、形状、重量、温度、结构、硬度等。

（2）使用一些简单的工具测量物体的某些性质，如大小、重量、温度等，进而对物体进行更加精确的比较。

（3）物体和材料的性质具有多面性，使用自己的多种感官从多方面感知物体和材料的不同属性，而不仅限于其中的一种或两种属性，如铁不仅是硬的，而且能导电和导热等。

（4）探索物体和材料在不同条件下的不同存在状态，即固态、液态、气态，如水放入冰箱的冷冻柜会变成冰块等。

（二）物体的位置和运动

力是物体间的相互作用，运动是物质存在的基本形式，它们是我们日常生活中常见的现象。力和运动之间有密切的关系，力可以改变物体的位置和运动状况。让幼儿探索力，不是让他们学习各种力的概念，而是启发幼儿探索和思考日常生活中的这些经验，从日常的事情中发现其规律性。具体内容主要有以下几方面。

（1）感受和探索力，如力的大小、方向、力和运动之间的关系等。

（2）通过实验探索各种力（地球引力、浮力、摩擦力等）的现象，如地球上的所有物体都要受到地球的引力，都会落到地面上等。

（3）玩跷跷板、天平、平衡架等，探索平衡的条件，体验力的平衡。

（4）探索各种机械，发现它们的作用，如使用启瓶器能够省力等。

（5）探索各种自然力（如风力和水力），了解人类对它们的利用，如水力或风力可以发电等。

（三）声、光、热、电、磁

1. 声

幼儿的日常生活中充满各种各样的声音，幼儿也是声音的制造者，我们可以结合听觉能力的培养让幼儿探索声音，具体内容主要有以下几方面。

（1）注意并辨别各种声音，如自然界中的声音、人的声音、机器的声音等，了解各种声音所代表的意义。

（2）探索各种能产生声音的物体和产生声音的方法，了解不同的声音类型（如图3-1所示）。

（3）探索各种声音的不同，知道不同的声音具有不同的特性，如音调和音量。

（4）通过游戏、实验等方式探索声音的传播，如制作土电话和扩音器，体验声音的传播（如图3-2所示）。观察生活中几种常见的能传播声音的现代科技产品，探索它们是如何将声音传得更远的。

（5）了解噪声的产生及其危害，如马路上汽车发出的声音和公共场合的大声喧哗，会让人心情烦躁等。

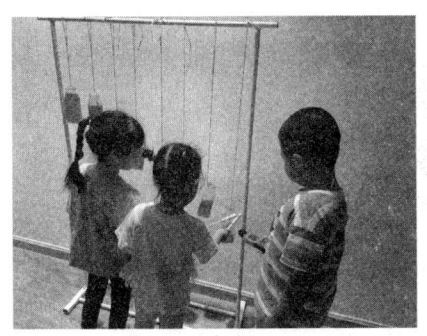
图 3-1 幼儿对声音的探索

图 3-2 幼儿用自制的简易电话打电话

2. 光

光既是自然界中普遍存在的现象,又与幼儿的生活密切相连,经常会引起幼儿观察和探索的兴趣。教师可以从以下几个方面引导幼儿探索光的现象。

(1) 认识各种光源(自然的、人造的)以及它们的不同,如太阳光和灯光等,了解光的重要性。通过操作各种光学仪器(如平面镜、三棱镜、凸透镜、凹透镜)和日常的物品、玩具(如望远镜、万花筒等),探索光的反射和折射现象。

(2) 通过实验探索光和影子的关系,如光是怎样影响影子的大小和方向的。

案例分享

我知道的光

教师:"在我们生活中,除了太阳光,还有许多地方有光,你还知道哪些地方有光?"

幼儿:"教室里的灯会发光,还有星星。"

"萤火虫的屁股会发光!"

"天上的月亮和星星也会发光。"

"我在电视里看孙悟空的金箍棒也能发光。"

"我家里的台灯有光,打开的时候还能看到我的影子。"

教师:"光还能制造影子,真神奇,我们还有哪里可以找到影子呢?"

"操场上,我每次出去跳绳影子都跟我一起跳!"

"有太阳就有影子。"

 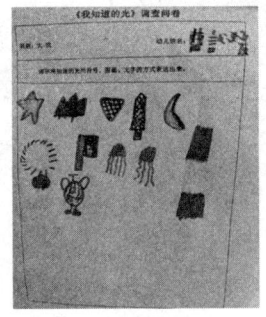 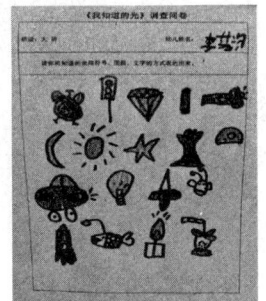

 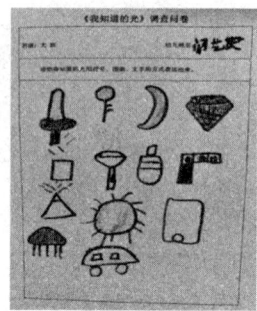 

活动小结：

"你还知道哪些地方有光"这个问题的提出是为了把"光"的话题引入幼儿的有目的的学习活动中，引导他们通过对周围事物的观察去寻找答案。幼儿的想法非常丰富，能看出幼儿对所见过的光有一定的认识和了解，他们对光的认知有"自然光"，也有"人造光"。当一幼儿提出影子的时候，话题再一次被打开，从幼儿的对话中可以看出，他们知道有太阳就有影子，但对于影子的形成以及光与影的关系的认知不够清晰，幼儿的好奇指引他们继续探索。于是我们继续探究光与影的关系，到户外开展"找影子"游戏，图书区增加"皮影戏"，让幼儿继续探索光与影的秘密。

3. 热

幼儿对于热的生活经验比较多，但对于热的现象很难进行研究和探索。幼儿园科学教育可以结合幼儿的日常生活经验，让幼儿学习以下有关热的内容。

（1）感受有的物体热、有的物体冷，学习用温度计测量物体的冷热程度。

（2）探索并发现热的物体会变冷，冷的物体会变热。讨论用什么办法可以让物体变冷或变热。

（3）探索并发现生活中的热胀冷缩现象（如图3-3所示）。

（4）知道天气的冷热。讨论夏天怎样散热，冬天怎样取暖，并了解几种取暖或散热的产品。

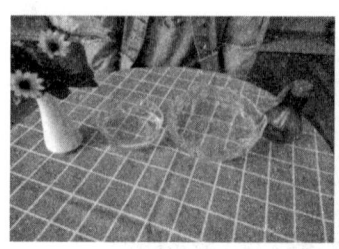  

图3-3 热胀冷缩

4. 电

电在我们生活中的作用越来越大，虽然对幼儿来说电是危险的，但我们不能因此就禁止幼儿接触和探索电,相反要适当进行有关电的知识教育,使幼儿了解电的作用和危险。幼儿可以了解的关于电的内容有以下几方面。

(1) 通过游戏探索摩擦起电的现象(如图3-4所示)。

(2) 初步了解日常生活中电的来源,知道电是发电厂通过电线输送来的。

(3) 初步了解干电池也能产生电,在游戏或实验中探索干电池的用途。教师还应告诉幼儿废旧的干电池对环境的危害,不能随便丢弃。

(4) 探索各种家用电器的功能,初步了解电在日常生活中的应用。玩各种电动玩具或进行简单的实验操作。

(5) 向幼儿介绍安全用电的常识,如不能将手指插到插座孔里等。

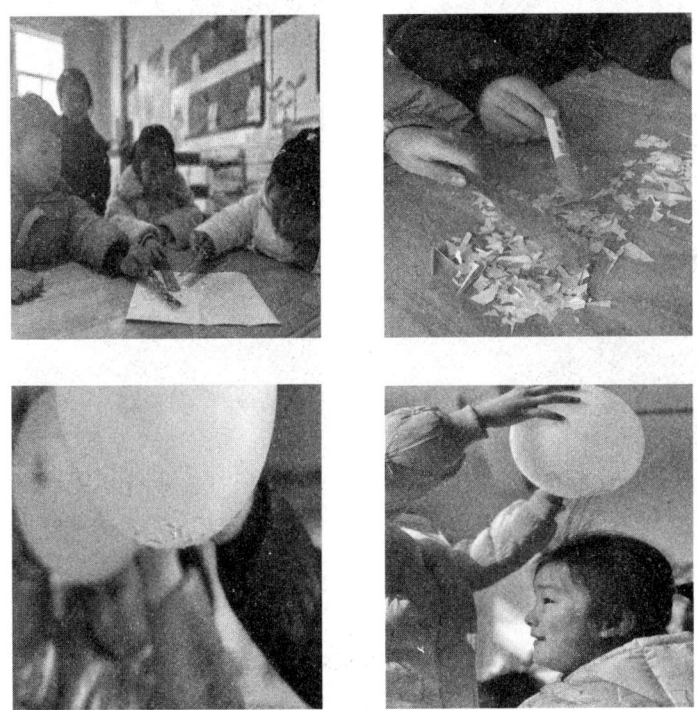

图3-4 摩擦起电

5. 磁

在学前儿童科学教育活动中,幼儿可以学习关于磁的内容有以下几方面。

(1) 探索不同大小和形状的磁铁,发现磁铁能吸铁的性质。年龄稍大的幼儿还可探索不同磁铁的磁力大小。

(2) 通过游戏或实验探索磁铁之间的相互作用,发现磁铁之间相互吸引和排斥的现象如图3-5所示。

(3) 玩指南针或磁针,探索指南针指南的现象。

(4) 探索磁铁在生活中的应用,寻找用到磁铁的物品。

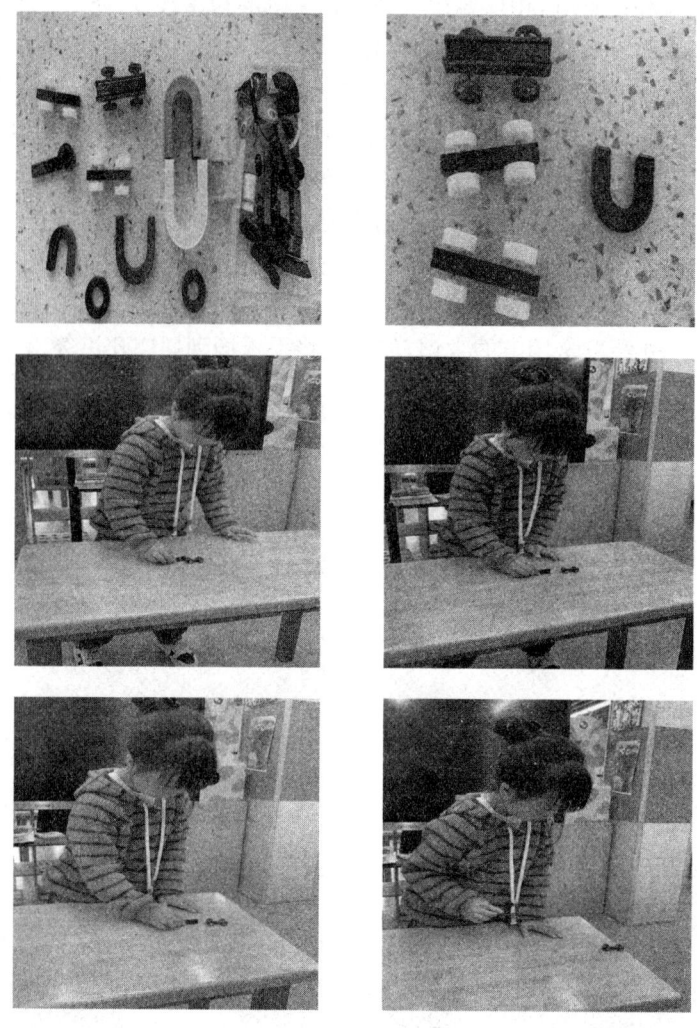

图 3-5 大班磁铁游戏

除了以上列出的内容,物质科学的内容还有很多。幼儿在生活中遇到的很多问题都和物质科学的知识有关。教师不必限于以上具体的内容,可以充分利用随机的情境,引发幼儿探索物质科学。

二、生命科学

幼儿对其周围的生物充满了好奇与兴趣,他们是在与有生命的物体的直接接触中建立起生物概念的。生命科学教育给幼儿提供不断观察生物的机会,促进他们了解生物的特性和基本需求、生存方式和生命周期等,探索生物的多样性以及生物与环境的相互关系。

(一)生物的基本特性

幼儿对生物的认识建立在观察生物基本特性的基础上。通过观察真实的生物,幼儿不仅可以认识常见生物的典型特征,如鸟有翅膀,还可以描述和总结出更加具体、更为丰富的其他特征,如鸟不仅有翅膀,还有羽毛、尾巴,以及鸟的身体形态与飞行的关系等。除此之外,还可以引导幼儿思考生物的形态结构和功能之间的关系,如鱼儿有鳃,所以能够在水里呼吸。

(二)生物的基本需求

幼儿可以通过日常的生活经验和学习来了解生物所共有的一些基本需求,以及不同生物的不同具体需求,如动植物之间存在着差异,不同种类的动物之间、不同种类的植物之间也有着各自不同的需求。例如,动物根据食物需求可以分为食草性、食肉性、杂食性动物;植物根据对阳光需求的不同,可分为喜阴的、喜阳的植物。

(三)生物的简单行为

幼儿可以通过观察、阅读、讨论等方式了解生物的多种行为,如觅食方式、自我保护方式、繁殖方式等。例如,了解经常作为宠物饲养的猫和狗,怎样通过肢体动作表达意愿;了解哺乳动物和鸟类的冬眠行为等。

(四)生物的生命周期

在日常生活中,幼儿会有一些培育植物、饲养动物的经验,教师可利用这些经验让幼儿感受生命的历程以及不同生物生命周期的长短与细节的不同。

同时,幼儿在饲养动物的过程中,还会发现幼小的动物与它的双亲有很多相同点,也有很多不同之处,如幼犬会延续双亲基本的体格特征,但是幼犬的毛色却可能与双亲不一样。

(五)生物的多样性

幼儿要能够理解自然界中的生物是多种多样、千差万别的。动物中,有大的、有小的,有凶猛的、有温顺的,有多毛的、有皮肤光滑的,有会生蛋的、有会生"小宝宝"的,有爬的、有跳的、有飞的……植物中,有高大的树,有低矮的树,还有矮小的草,有各种各样的叶子,也有各种各样的花和种子……

不同年龄段的幼儿可以观察不同的生物。此外,还可以鼓励幼儿根据一些明显的特征对常见的生物进行粗略的归类,比较它们的相似与不同,更好地体会生物多样性的特点。

(六)生物和环境的关系

1. 生物之间的关系

动植物之间的关系——包括动物和动物的关系、动物和植物的关系。可以让幼儿了解动物的朋友和天敌,初步了解不同动物的食性,如鳄鱼和埃及鸻(牙签鸟)是"好朋友",狼则是羊群的天敌。

动植物和人类的关系——可以让幼儿了解人类在生活中是怎样利用动植物的,如认识竹子和竹制品;还要让幼儿了解人类是怎样保护动植物的。这些内容可以渗透在具体的认识活动中。

2. 生物与环境之间的关系

生物与环境是相互联系、不可分离的。促进生物与环境的和谐发展日益成为全球共同关注的焦点,向幼儿展示生物与环境的联系是生命科学教育的必要内容。

(1) 动植物与环境的关系

在观察动植物时,可以通过具体的事实,引导幼儿探索和初步了解动植物与环境之间的关系,例如,动植物的多样性与环境的相互关系、动植物的形态结构与环境的关系、动植物的生长与环境的关系、动植物和季节变化的关系。

(2) 人与自然环境的关系

人与自然环境的关系的教育应该渗透和体现在认识自然界中的动植物和非生物的内容中。如在观察小草时,要引导幼儿和小草交朋友,关心和保护小草的生长。

除了以上教育内容,教师还可以带领幼儿参加力所能及的相关实践活动,如种植等(如图3-6所示);引导幼儿养成良好的保护环境的行为习惯,如教育幼儿爱护花草树木、爱护小动物,保持环境整洁,不污染环境等。

以上关于生物与环境之间关系的内容,并不要求幼儿形成明确的概念,只需要幼儿通过具体事实获取相关的经验。在教育过程中,应该把这些关系蕴含和体现在具体的教育内容中,而不能教给幼儿概念化的结论。

翻土

移苗

浇水

图3-6 大班游戏活动:我是小园丁

三、地球和空间科学

地球物质包括沙、石、土、水和空气等,这些物质具有各自的特性和用途,幼儿对这些物质极为熟悉。

(一) 地球物质的性质

1. 沙、石、土

沙、石、土是幼儿在生活中经常接触到的物质,幼儿非常喜欢玩沙、玩土。对于这些物质,不仅要让幼儿探索它们的物理性质,还要从生态的意义对幼儿进行教育。具体地说,可以让幼儿玩沙、石、土,感知并比较它们的特征;让幼儿了解沙、石、土在日常生活中的用处。此外,还可通过探索活动让幼儿知道,沙、石、土都是覆盖在大地上的;让幼儿认识植物的生长对土壤有一定的要求,沙和石头上都很难长出植物;让幼儿体会土壤与动植物乃至与人类的关系,知道要保护土壤。

2. 水

幼儿对水的认识,包括以下两个方面:

第一,对水的物理性质的探索。让幼儿在玩水的过程中,感受水的无色、无味、透明,但无须幼儿用语言描述;探索一些和水有关的物理现象,如水向低处流、水有浮力等;探索固态、液态和气态的水及其相互转化的现象。

第二,对水的生态意义的认识。让幼儿了解自然界中的水对于人和动植物生存的重要性;结合幼儿的生活经验让他们懂得要节约用水、保持水源的洁净。

挖河道

引水流

架小桥

竣工

图 3-7　幼儿对沙、水的探索

3. 空气

空气比较抽象,缺乏具体的形象供幼儿探索,幼儿对于空气较难理解,因此只要让幼儿体会到空气就在我们的周围,我们看不见、摸不着它,但也离不开它即可。可以通过探索空气的流动(风)、充气等与空气有关的现象来增强幼儿对空气的感性体验。如可以让幼儿通过制作和玩风车、风筝和火箭发射器来感受风。

(二) 天空中的物体及其变化

幼儿对神秘的天空有着强烈的探索兴趣,但他们无法直接探索遥远的天体;同时受限于思维水平,幼儿很难理解那些抽象的天文知识。幼儿的思维具有自我中心性,他们总是用自己生活中的行为来解释天体运行。在学前期,教师不必向幼儿解释各种抽象的天文知识,而要让幼儿通过直接观察天文现象,获取相关经验。如果幼儿对天文知识感兴趣,可以引导他们通过阅读图书等途经来获取相关知识。

(三) 天气、气候和季节

有关气候和季节的科学教育活动目标在于使幼儿熟悉常见的现象,了解其与人类、动物、植物的关系,重在引导幼儿积累相关经验,培养幼儿对周围自然环境的关注。

结合天气情况,引导幼儿观察和探索气候与季节的变化,包括观察和感受不同情境下风的不同;观察空中的云及其运动和变化,特别是不同天气时云的变化;观察并记录晴天、阴天、雨天等不同的天气现象,以及小雨和大雨等的不同;观察和探索冬天常见的天气现象——冰、雪、雾、霜等,以及夏天常见的天气现象——雷雨、彩虹等;认识四季的名称,观察其变化,感受并了解各个季节的典型特征,初步了解季节变化与人类、动物、植物的关系,知道人如何适应季节变化等。

(四) 地貌变化

地球表面的地形地貌是在不断地发生变化的,如受到侵蚀和风化的影响,遭受自然灾害等都是其发生变化的原因。这一方面内容的科学教育并不是要求将地貌产生变化的原因灌输给幼儿,而是借助书籍和媒体让幼儿初步了解地球是变化的,以及这些变化会影响人类的生活,激发他们探究地球的好奇心,促使他们关注地球、热爱地球、保护地球。

四、科学与技术

对幼儿进行技术教育,能够使其获得最初的技术体验,还能满足幼儿渴望了解周围生活中现代科技的需要,培养幼儿对科技的兴趣,向幼儿进行善待自然、善用科技,培养正确的科技观的初始教育,具体内容包括以下几方面。

(一) 生活中常见的科技产品及其作用

引导幼儿认识科技产品,不在于向他们介绍其中的技术,而在于引导他们关注技术的世界,即人类设计的世界。让幼儿知道,在我们的周围除了自然的世界之外,还

有一个"人造的"世界,由此向幼儿渗透"技术改变世界"的观点。具体内容有:

(1) 探索认识现代家用电器,初步学习家用电器的使用方法,并体会它们在家庭生活中的作用。

(2) 探索、观察常见的各种交通工具,比较它们的优缺点,并体会它们和人们生活的关系。

(3) 探索并初步了解几种农业科技产品和经过加工的食品等。

(4) 探索各种科技玩具等。

(二) 科技产品的发展

向幼儿介绍常见科技产品的发展、进步,使幼儿体会到它们与人们生活的关系。例如,向幼儿介绍灯的发展史,让他们探索、了解从古至今的灯是什么样的,人们是怎样照明的,由此体会科学技术的发展给人们生活带来的影响。还可以鼓励幼儿讨论科学技术的未来,激发幼儿的想象力和创造力,使幼儿萌发运用科技造福人类的愿望。

(三) 使用简单的工具

工具是手的延伸,是技术的物化形式。可以让幼儿学习使用生活中常用的工具,了解工具的用处。例如,可以让幼儿尝试使用小剪刀、小锤子,也可以让他们学习使用榨汁器、订书机等。这不仅能发展幼儿的操作技能,更能使其获得技术实践的机会,在实践中认识工具的用途。

(四) 简单的科技小制作

教师不仅可以让幼儿探索科学现象,还可以让幼儿在此基础上学习运用工具和材料制作简单的科技玩具,如制作风车、制作不倒翁等。完成一个科技小制作与探索一个科学现象对幼儿来说是完成不同的体验。在科技制作活动中,幼儿不仅能获得亲手制作的经历,还能获得一些具体的操作技巧,这是一种对技术的直接体验。

除此之外,还可以向幼儿介绍他们熟悉的科学家的故事,如果有可能,也可以请附近的科学家或科技行业从业者来幼儿园讲故事。

课后思考题

1. 在实习、见习期间,获取幼儿园一学年的科学教育活动资料,分析其涉及了哪些科学教育内容。

2. 观摩一次幼儿园科学教育活动,分析其选择的内容符合哪些原则。

第四章　学前儿童科学教育的方法与组织形式

1. 了解学前儿童科学教育方法的内涵、特点、类型与运用要求。
2. 了解学前儿童科学教育的基本组织形式。
3. 能够灵活运用各种方法与组织形式开展学前儿童科学教育。

情境导入

户外活动课上，大班幼儿在操场上玩耍。王老师发现几名幼儿在互相踩影子，他们一边玩一边说："快来踩影子呀！""影子怎么跑了？""我们的影子撞到一起了！"看得见却摸不着的影子引起了幼儿强烈的好奇心，王老师见幼儿对影子的兴趣如此之大，于是设计了"奇妙的影子"主题活动。王老师先请家长带着幼儿去寻找并记录"影子在哪里"，然后组织幼儿在班级中交流记录的结果，并与幼儿共同探究"影子从哪里来""影子是怎么变化的"，之后再带领幼儿到皮影艺术博物馆观看皮影戏表演，并在科探区投放"皮影小剧场"的材料，鼓励幼儿"玩影子"。

思考：本次活动中，幼儿学习科学的方法有哪些？教师又是通过哪些途径组织幼儿开展科学教育活动的？

第一节　学前儿童科学教育的方法

学前儿童科学教育方法是指教师和学前儿童在科学教育活动中为完成科学教育任务、实现科学教育目标而采取的具体方法和手段，它既包括了教师指导学前儿童学习科学的方法，也包括了学前儿童在科学学习中所采用的方法，两者是统一的。

一、观察

（一）观察的内涵

观察既是幼儿认识世界的最基本的方法，也是科学探究活动中最重要的一种方法，观察是运用多种感官直接、生动、具体地认识事物，了解事物的特性，能够提高幼儿感官的综合活动能力,培养幼儿运用感官探索周围环境的习惯,并为发展幼儿的抽象思维能力、形成概念提供丰富的感性经验。

学前儿童科学教育中的观察就是提供大量直接经验让幼儿观察探索,让幼儿通过感官的感受来发现、探索客观世界的事物和现象,使幼儿获得具体印象,并在此基础上形成概念。

(二) 观察的类型

一般来说,观察分为直接观察和间接观察两种类型——借助感官对物体进行直接地观察,通过仪器(放大镜、显微镜等)间接地对物体进行观察。在幼儿科学教育活动中,观察可分为个别物体观察、比较性观察、长期系统性观察三种类型。

1. 个别物体观察

个别物体观察是指对单个的物体(或一类物体)或现象的观察。幼儿通过有目的地运用感官,与周围某一事物或现象的直接接触,获得有关个别物体的信息,如观察对象物体的形状、颜色、大小等信息。例如,在"认识萝卜"的活动中,幼儿通过看萝卜和摸萝卜的方式感知萝卜的外部特征之后,在教师的鼓励下还品尝了萝卜的味道,全方位地了解萝卜。

2. 比较性观察

比较性观察是指同时观察两种或两种以上的物体并进行比较,以找出物体间的异同点。这种观察方式一般在中班和大班使用,但不同年龄段有不同要求。如中班幼儿仅比较不同物体或现象明显的不同点;大班幼儿不仅比较物体的不同点和相同点,并在此基础上进行分类。比较性观察的内容可以包括在比较观察中发现自然物和科技产品的相似处与不同处;学会以两个物体的相应部分和整体性进行比较观察;将认识的物体与新的观察对象进行比较观察等。例如,在"各种各样的水果"的活动中,幼儿从颜色、气味方面感受各种水果的不同之后,还尝了尝苹果、柠檬、西瓜等水果,感知和比较各种水果的味道。

3. 长期系统性观察

长期系统性观察是指幼儿在较长的时间内,持续地对某一物体或现象进行系统的观察,幼儿对其质和量两方面的发展变化过程有较完整的认识。长期系统性观察对幼儿的知识经验、认知水平要求较高,所以一般在中班才开始采用这种观察类型,而且主要在大班进行。如通过观察、记录某动植物的生长和变化,来了解动植物的生长规律、特性、习性等就属于长期系统性观察。例如,在大班开展的对青蛙从卵到蝌蚪再到青蛙的整个生长过程的观察,或者对向日葵从种子到发芽再到开花最后到结果的生长过程的观察(如图4-1、4-2所示)。

图4-1 观察青蛙的生长过程　　　　　图4-2 观察向日葵的生长过程图

（三）观察的原则

幼儿早期的观察行为往往目的不够明确、具体，表现为观察过程中的无序性、不稳定性、易受外界干扰等特征，所以教师在引导幼儿进行观察时应遵循以下几个原则。

1. 有序性原则

有序性原则是指在观察过程中应根据对象的外部结构和特点，引导幼儿有序地进行观察，使幼儿对观察对象有一个全面、整体的认识。

> **岗位提示**
>
> 水果可按照外皮→果肉→种子的顺序进行观察，植物可按照花→叶→茎→根的顺序进行观察，动物可按照头→身→尾→四肢的顺序进行观察。把握有序性原则有助于幼儿形成良好的观察习惯，提高观察的精确度和速度，从而获得对观察对象的整体印象，便于记忆储存。当然，观察的顺序并不是固定的，可以根据具体情况进行灵活处理，但不能杂乱无章地观察。如观察草莓时首先看到的是种子，那就可以按照种子→果皮→果肉的顺序进行观察。

2. 持续性原则

持续性原则是指在较长的时间内持续地对某一物体或对象进行系统地观察。这一原则有利于幼儿在量的积累下对质的变化有系统、完整的认识。动物或植物的生长过程、气象或季节的变化过程等往往需要幼儿进行持续性观察。

例如大班科学活动"蚕宝宝"就是一个长期系统的观察活动。幼儿在教师的引导下持续观察蚕孵化、蚕眠、蜕皮、结茧、成蛾等阶段的变化过程，了解蚕的一生（如图4-3所示）。在近两个月的系统观察中，幼儿获得了蚕变化的第一手资料，了解了其变化过程，积累了生动的表象经验，而且与蚕建立了深厚的情感。

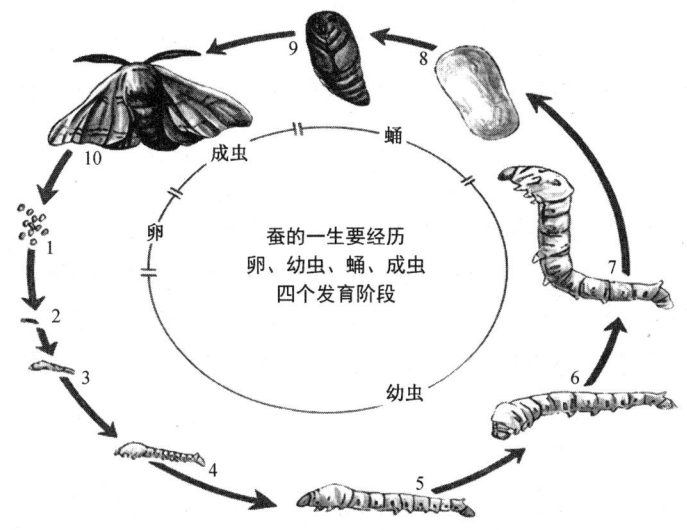

图 4-3 饲养观察蚕宝宝活动

3. 典型性原则

典型性原则是指从观察对象的明显特征入手开始观察。有的观察对象有一些鲜明的外部特征，如观察对象鲜艳的色彩、特殊的气味、明显的动作等，这些特征刺激着幼儿的感官，吸引着幼儿的注意力。在观察过程中，教师一方面可引导幼儿先从这些典型特征开始观察，再展开全面的观察，以提高幼儿对观察对象的辨别能力；另一方面可引导幼儿在观察对象有明显变化时进行观察，以保持幼儿长时间探究的热情。

4. 比较性原则

比较性原则是指对相似对象中的不同因素、不同对象中的相同因素进行观察。适用于观察两种或两种以上的对象。例如，在小班听觉体验游戏中，两名幼儿背对背坐着，将沙子、黄豆等不同材质的物体装入塑料盒中，通过摇一摇、听一听、比一比、猜一猜，感受不同材质的物体发出的声音的不同，探索物体材质与发出的声音的关系。在观察过程中运用比较性原则有利于提高幼儿对观察对象认识的精确性，发展幼儿的观察能力和思维能力。

（四）观察的运用要求

1. 为幼儿的观察提供真实的物体与情景

幼儿的思维以具体形象思维为主，为保证观察活动成功，使幼儿的观察获得最真实的效果，教师应当尽可能为幼儿提供真实的物体与情景，避免因借助图片或模型观察而产生的不真实、模糊甚至是错误的感性经验。教师还应该积极带领幼儿外出活动，进行实地观察，使之获得更加清晰、准确的观察体验。另外，真实的物体与情景更有利于幼儿同时观察事物的静态和动态，使得观察更加深入细致、活泼有趣。

2. 利用观察对象的显著特征激发幼儿的观察兴趣

幼儿对于新奇的事物容易产生观察和探究的欲望，观察的兴趣也常依事物本身的特性而转移。如果观察对象足够有趣,往往无须成人组织,幼儿也会全神贯注地去观察。因此,教师可以利用观察对象的显著特点来吸引幼儿的注意,抓住观察对象的显著特征、典型特性(比如鲜艳的颜色,特殊的气味、外形、声音等),激发和鼓励学前儿童进行观察。

3. 通过启发性的问题引导幼儿观察

幼儿的观察往往是由好奇或偶然的发现而引起的,有着极大的无意性。教师积极、适时的提问和参与可以及时地将这种无意的、自发的感知转化为有目的的观察。但教师的提问必须是启发性的,能引发幼儿感知和思考的,而不是简单被动的"是"与"不是"的问题,才能有效地引导观察的方向、掌握观察的深度,促使幼儿开展全面、系统、有序的观察。

4. 调动幼儿的多种感官参与观察

客观事物的特征是多种多样的,它们在颜色、气味、味道、大小、形状、冷热、声音、触感等方面存在着差异。观察活动中教师应该调动幼儿的多种感官协同活动,不仅要用眼睛看,还要运用耳朵、鼻子、舌头、手等其他感官,让幼儿在看一看、听一听、闻一闻、尝一尝、摸一摸中获得全面的观察信息。

5. 引导幼儿多角度、全方位有序观察

幼儿的观察往往比较笼统模糊,缺乏细致性和精确性。因此,教师应该有目的、有计划地引导他们掌握一些最基本的观察方法,培养他们良好的观察习惯,引导他们进行多角度、全方位、有顺序的观察。比如,从整体到局部、从明显特征到不明显特征、从外到内、从上到下、从左到右、从静到动等(也可反向为之),使幼儿对观察对象有整体的、较全面的认识。

6. 观察中充分给予幼儿动手操作的机会

幼儿初期的观察依赖于外部动作,观察时常常要边看边用手指点,即视知觉要以手的动作为指导。因此,观察中教师要尽可能地让幼儿有自己动手操作的机会,让他们通过对观察对象的操作、摆弄获得直接的认识,真实有效地感知客观事物的特征,并通过动手操作协调各感官共同完成观察任务,获得更为全面的经验。

7. 指导幼儿学习用各种方法记录观察结果

观察记录是学前儿童以形象化的绘画、图表,表现对自然物、科学现象观察的结果的方式。它是幼儿观察活动中的一个方面,也是一种表达的方式。[①] 在观察过程中,教师应该为幼儿提供记录的纸张和材料,指导他们运用各种方法对观察结果进行记录。这样不仅能够加深观察印象,还有可能引起他们再次观察的兴趣,同时也发展了他们的动手动脑、反思评价的能力。另外,观察记录所反映出的幼儿的观察水平以及对观察对象的认识程度,也是教师重要的评价资料。

---

① 张俊. 学前儿童科学教育[M]. 北京:人民教育出版社,2004:173.

8. 鼓励幼儿用语言表达观察中的发现

语言不仅可以帮助幼儿整理自己的观察结果,使之系统化,还可以促进幼儿相互之间的交流。观察过程中,教师既要鼓励幼儿用自己的语言来表达自己的发现,又要注意纠正其语言表达与观察不符之处,逐步引导幼儿学会使用准确的语言进行生动、形象地表达,在丰富词汇量的同时,发展他们的思辨与语言表达能力。

二、实验

(一) 实验的内涵

实验是人们根据确定的科研目的,以一定的科学理论为指导,运用适当的物质手段,在人为控制的条件下获取科学事实的研究方法。主要特点:① 控制性。所谓控制性是指整个实验过程都是在实验者的严格驾驭和支配下进行的。② 可重复性。所谓可重复性是指同一个实验可多次进行。③ 精确性。所谓精确性是指科学实验在揭示事物的本质和规律方面具有准确度高、科学性强的特点。学前儿童科学教育中的实验是在人为控制的条件下,教师或学前儿童利用材料、仪器和设备,通过简单的演示或操作,对周围常见的科学现象加以验证的一种方法。①

(二) 实验的特点

科学实验可以分为特定条件实验和非特定条件实验,而学前儿童的科学实验主要指不需要在实验室中进行,不需要特定条件进行的实验,学前儿童的科学实验除了具有知识性,还具备以下不同于其他科学实验的特点。

1. 直观性

幼儿的思维是直观形象的,对于有声、有形,看得见、摸得着的东西很感兴趣,也容易理解、记忆。在科学领域里,有很多原理看似简单,却很难用语言解释清楚。用于解释这些原理的专业术语对幼儿来说更是天方夜谭。科学实验能让幼儿直接看到事物性状的改变或事物发展变化的过程,非常直观地向幼儿展示其中的科学道理。实验中的奇妙现象、有趣的过程也深深地吸引着幼儿,易于被幼儿所接受。

2. 简易性

幼儿园的科学实验不同于其他正规性的科学实验,由于幼儿的精细动作发展相对较差,不可能操作要求很精确的实验。因此,幼儿园的实验多以操作简单、容易出效果的实验为主。对实验材料的要求也不是很高,不需要有精确的刻度,也无须受时间、空间的限制,大多实验材料都是生活中常见的或是很容易买到的东西,如木块、石子、别针、磁铁、电池、纸、蜡烛、各种小瓶、颜料等。教师准备起来比较方便,不需耗费过多人力、物力。

---

① 施燕.学前儿童科学教育[M].北京:中央广播电视大学出版社,2014:68.

3. 操作性和可视性强

幼儿园科学实验的过程和操作方法都比较简单,现象比较典型。操作性和可视性强是指幼儿在实验中最大限度地运用各种感官参与活动,通过看、听、摸、玩等多种方式作用于材料,获得对材料的认识,直接观察到有趣的现象,理解相关的科学道理。

(三)实验的类型

根据实验过程中实际操作者的不同,可以把实验分为教师演示实验和幼儿操作实验。

1. 教师演示实验

教师演示实验是由教师操作实验的全过程,幼儿观察实验的过程、现象、变化和结果的一种活动形式。这类实验主要适用于一些难度较大,幼儿操作困难或较为复杂的实验。

根据实验内容不同,演示实验的运用也有所不同,比较常见的是先由教师对实验内容进行演示,让幼儿观察实验,并提出需要思考的问题,然后幼儿按照教师演示方法步骤进行实验操作。这一方式虽然便于组织活动,规范操作,但却极大地限制了幼儿自主探究的主动性。因此,教学实践中要适度把握演示实验的数量。

2. 幼儿操作实验

幼儿操作实验是一种由幼儿亲自动手操作并参加实验全过程的活动形式。这类实验一般比较简单,并常带有游戏性。实验中幼儿自己动手操作,能充分地熟悉实验材料、工具,充分地观察实验中的现象、变化,并可以重复操作,多次尝试,积极地进行科学探究。

(四)实验的内容

1. 植物实验

植物实验主要是指探究植物如何生长的实验。通过控制植物生长的条件,让幼儿了解植物生长对于水、空气、温度、阳光等的需要,从而了解它们之间的关系(如图4-4、4-5所示)。

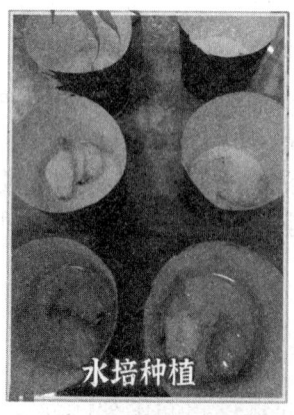
图4-4 中班大蒜水培实验

图4-5 大班白菜喝水实验

2. 动物实验

动物实验主要探究动物的生活习性,如动物吃什么、动物的冬眠、动物的生存环境等。例如,幼儿园开展"蜗牛喜欢吃什么"的实验活动,教师引导幼儿观察蜗牛喜欢吃什么蔬菜以及蜗牛粪便的颜色等(如图4-6所示)。

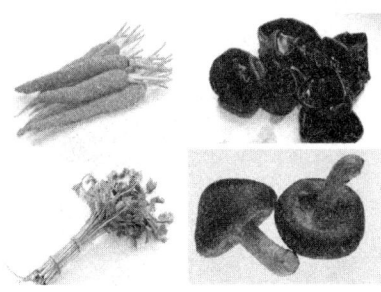

图4-6　蜗牛饲养实验

3. 物理实验

物理实验是学前儿童科学学习中一类常见的实验,内容包括光、声、电、磁、热、力和运动等方面,如沉浮实验、光的实验如图4-7所示、磁铁实验等。

图4-7　中班物理实验:影子变变变

4. 化学实验

化学实验是指运用一定的仪器、设备认识物质变化规律的实验。不同于正规的专业的化学实验,幼儿化学实验应规避实验的风险,尽量不采用有危险、有毒的实验材料。同时,幼儿化学实验不应以解释化学实验现象及原理为目的,而应将实验简单化、趣味化,让幼儿通过一些有趣的、神奇的化学实验获得最浅显的化学知识,体验实验的乐趣。例如,在"气球变大了"的实验中,幼儿可以学习到小苏打遇到醋产生二氧化碳,因此气球变大(如图4-8所示)。

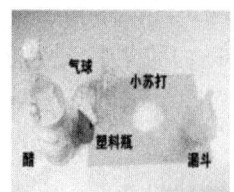

图 4-8 "气球变大了"实验

(五) 实验的运用要求

幼儿园开展幼儿科学实验,首先,要为幼儿创设一个比较宽松的心理氛围;其次,要激发幼儿参与实验活动的积极性和主动性,鼓励幼儿敢想、会想,愿意动手,敢于动手,并能用和别人不同的方式或合作进行探索,在活动中让幼儿体会到活动的快乐和创新的快乐。在实验开展过程中,教师要关注以下事项:

1. 提供能启发幼儿探索的实验材料

科学实验材料是引发幼儿探究的刺激物,是科学现象和原理的载体,因此,教师提供的材料对幼儿来说就显得尤为重要。在活动准备时,教师要对多种材料进行反复实验,改变传统教学中材料单一、现象单一的状况,尽可能为幼儿提供多种可以产生相同或相似现象的材料,并创造条件让不明显的关系明显化。

2. 实验操作前,要给幼儿留下猜想和假设的空间

开始实验前,不要为幼儿提供统一的实验方法或方案,而要引导幼儿观察所提供的材料,通过提出问题使幼儿产生参与实验的愿望。对即将产生的现象进行假设和猜想。每个幼儿的猜测不一定一样,这就为幼儿的思维提供了广阔的空间,也大大激发了幼儿的兴趣和亲自动手尝试的愿望,提高了活动的目的性。

3. 实验操作时,要鼓励幼儿按自己的想法进行尝试

实验活动中,在进行了假设和猜想之后,教师要鼓励幼儿根据自己的想法大胆地进行尝试。猜想激发了幼儿的兴趣,操作则起到了验证猜想正确与否的作用,有助于幼儿形成正确的科学概念,掌握正确的操作方法。此时,幼儿可以相对自由地选择材料,以各自不同的方式进行实验,教师则在一旁观察,并给予必要的帮助和指导。

4. 实验过程中,要引导幼儿进行记录

有了一定的操作经验,观察到了一些现象后,引导幼儿用适合自己的方式进行记录,如用图画、符号以及图片、实物的粘贴等,充分表现自己的实验过程和结果。实验

记录有助于幼儿将实验结果与猜想结果进行比对。若实验结果与猜想结果一致,会增强幼儿学习的成就感;反之,可引导幼儿反思自己的实验过程,从而改进实验方法,调整原有认识,促进幼儿主动建构新经验。在交流讨论环节,实验记录也为幼儿的交流表达提供了第一手材料。总之,科学实验深受幼儿喜爱。幼儿实际操作的实验活动能够培养他们大胆动脑、积极动手的习惯,并在过程中发展幼儿的观察力、理解力、分析力和判断力,在相对自由的活动中,幼儿的创新精神和创造能力也会得到发展。

三、测量

(一) 测量的内涵

测量是幼儿利用目测或简单的工具对物体进行简单的、初级的测定活动。幼儿的测量包括大小、长短、粗细、高矮、轻重等内容,如用绳子、尺测量桌子的高度,用温度计测量气温等。

(二) 测量的内容

在幼儿科学教育中,可以进行测量的内容包括以下几个方面。

1. 测量物体的个别特征

(1) 用目测感知物体的大小、长短、粗细等。
(2) 用手感觉不同水杯中水的温度(冷、热),用手掂量物体的轻重。
(3) 学习使用简单的非正式量具,如用小棒、绳子、布条等测量和比较树的高矮。
(4) 学习使用正式量具,如用尺、天平、温度计等测量物体。

2. 观察与测量动植物的生长情况

教师可指导幼儿在种植园地、饲养角测量动植物生长过程中的各个阶段的高度或重量,可以用尺量一量植物比前一周长高了多少,用天平称动物重了多少,并在"自然角记录本"或"动植物记录本"上做记录。

3. 观察与测量天气情况

教师可指导幼儿使用温度计测量气温,如可在班级设置"气象角",测量记录天气情况和气温的变化。

(三) 测量的特点

测量是学前儿童更准确地认识事物的途径之一,与成人的活动相比,其特点主要是操作简单和结果粗略。

1. 操作简单

学前儿童进行测量时一般不需要精密的仪器,很多时候采用的是一些自然物(如臂长、脚步、绳子等),即使使用一些器具(如尺子、温度计等),操作也非常简单。

2. 结果粗略

学前儿童的测量往往不需要得到特别精确的结果,只需要比较出谁长谁短或者谁重谁轻即可。即使需要知道测量结果,也不必特别准确,重点是让他们学会简单的测量方法。

(四) 测量的类型

1. 观察测量

观察测量是指通过眼睛、手等感官来测量物体。比如通过目测来测量物体的大小、粗细、长短等;通过手来测量物体的温度等。需要说明的是,这种类型的测量一般用于特征比较明显的认识对象,对于特征不明显的物体便难以进行。例如,观察测量两盆温度差不多的水,学前儿童就很难用手感知温度的差异。

2. 非正式量具测量

非正式量具测量也称自然测量,指不采用通用的标准量具,而是运用一些自然物,如手臂脚步、绳子、木棍等作为量具,对物体进行直接测量的方法。由于学前儿童年龄小,掌握标准的计量单位有困难,所以较多地用非正式量具进行测量。这种类型的测量可以使学前儿童在避免测量单位带来困难的前提下,掌握测量的基本知识,比如在测量长度时,要将测量工具与被测物对齐、放平;用不同的量具测量会使结果不一样等。

3. 正式量具测量

正式量具测量是指以通用的标准量具对物体进行测量。适合学前儿童使用的正式量具主要有尺子、天平、温度计、钟表、秤等。要学前儿童掌握正式量具的测量单位是有难度的,但这并不意味着学前儿童不能接触正式量具。通过对正式量具的操作和使用,可以使学前儿童懂得这些量具的作用,初步了解时间、空间、温度等概念性较强的知识。例如,让学前儿童用温度计测量两盆温度差不多的水,虽然他们读不懂数值,但依然能通过水银柱高度的不同而判断出水温的高低。

(五) 测量的运用要求

1. 培养幼儿的测量意识

在日常的学习和生活中,教师要把握机会组织幼儿进行一些测量活动,比如,量一量谁跳得更远、谁画得更长等。让幼儿从小树立对物体进行测量的意识,从而更精确、更细致地认识事物。

2. 教会幼儿运用测量工具进行测量

由于测量的技能要到 8~11 岁才完全发展,中班以前幼儿的测量只是通过感知来比较量的差异;中班以后,幼儿才有可能学习使用测量工具,但测量的方法和技能还比较难以掌握,教师应该对此给予针对性指导。一般而言,首先从直接比较两个并列的物体入手,然后逐步过渡到使用工具测量比较两个或两个以上物体。

3. 通过使用正式工具测量培养幼儿的精确意识

正式量具具有精确性,教师不仅要教会幼儿根据测量的内容选择正式量具,以及一些量具的使用方法,更要注意经常调整矫正所使用的量具,以确保其标准性,培养幼儿精确测量的意识。

四、分类

(一) 分类的内涵

分类亦称为归类,是指把一组物体按照特定的标准加以区分,抽取同类事物的共同特征进行概括的过程。学前儿童科学教育中的分类是指学前儿童把具有某一个或某几个共同特征的物体聚集在一起,来学习科学的一种方法。分类既是学前儿童学习科学的一种方法,也是学前儿童需要发展的一项重要技能。

(二) 分类的特点

学前儿童的思维发展水平有限,要求他们严格按照事物的本质属性进行分类几乎是不可能的,他们总是从外观的、明显的特征出发去分类,因此,他们一般只能分类简单、具体、形象的事物。幼儿是在具体的操作活动中,经过多次、反复尝试才能学会初步的分类技能。

(三) 分类的类型

学前儿童科学教育中,常用的分类类型有挑选分类、二元分类和多元分类等。由于这些分类方法对幼儿的认知水平要求不同,在面向不同年龄阶段的幼儿、不同难度层次的活动中可以采取不同的分类方法。

1. 挑选分类

挑选分类是指在众多物体中将具有某一种或几种共同特征的物体挑选出来列为一类。例如,要求幼儿从操场上众多小朋友中挑选出满足"男孩""佩戴幼儿园徽章"等共同特征的小朋友;又如,从展示的植物图片中挑选出蔬菜来。

2. 二元分类

二元分类是指从众多事物中选出具备某种属性的物品而排除其他性质物品,即将众多物品按照某一标准分为"是"与"不是"两类。例如,将苹果、草莓、香蕉、黄瓜、西红柿、甜椒、橙子等放在一起,让幼儿进行分类:"苹果、草莓、香蕉都是水果,黄瓜、西红柿、甜椒都不是水果。"或是另一种表达形式:"苹果、草莓、香蕉都是水果,不是蔬菜。"

3. 多元分类

多元分类是指将物品按照一些共同标准分成两类或几类。例如,我们将常见动物分成家禽:鸡、鸭、鹅;家畜:牛、马、驴、羊、猪;野生动物:老虎、狮子、狐狸、大象等。

日常生活学习中幼儿分类往往根据自己的看法和想法进行,而分类依据也在不断改变,只要各类别物体彼此不交叉和重复,该分类依据就可以成立。

(四) 分类的运用要求

分类是一种可以通过练习来提高的过程技能。在指导幼儿运用分类方法时,需

要注意以下几点:

1. 指导幼儿在充分感知物体的基础上进行分类

根据物体的共同特点与特性进行分类的必要前提是充分感知物体,但幼儿的年龄特点决定了他们不可能在抽象的概念水平上进行分类,而必须依赖于物体的具体形象和自己的动手操作。所以教师要提供充足的材料让幼儿感知,并允许幼儿细致观察、反复操作物体,使他们在充分的感知和具体的操作中获得物体的共性与差异,然后进行分类活动。

2. 引导幼儿依据不同的标准进行分类

每一次分类,必须根据同一个标准,否则就会出现分类重叠和分类过程的逻辑错误。幼儿的分类不同于成人,他们往往按照自己的想法进行,分类的标准也随自己的意愿在不断改变。只要各类别物体彼此不交叉和重复,该分类标准就可成立。在学前阶段,可以引导幼儿学习依据不同的标准进行分类。

(1) 根据物体的外部特征进行分类。例如,根据物体的颜色、形状、大小、长短、重量等外部特征进行分类。

(2) 根据物体量的差异进行分类。例如,根据物体的大小、长短、粗细、厚薄、宽窄、轻重等的差异分类。

(3) 根据物体的功能(用途)进行分类。例如,将物体分为玩具、学习用品、家具等。

(4) 根据物体的材料进行分类。例如,将物体分为木制品、塑料制品、铁制品、玻璃制品等。

(5) 根据物体之间的联系进行分类。例如,兔子和萝卜为一类、鱼和水为一类等。

(6) 根据物体的物理属性进行分类。例如,把具有弹性的物体分为一类。

3. 鼓励幼儿自己确定分类标准

在早期进行分类时,教师需要采取一些方法(比如用"请你按……分类"这样的语言)帮助幼儿理解和明确分类标准。当幼儿有了一定的知识经验基础后,就应该鼓励幼儿自己确定分类标准。例如,面对一堆积木时,老师可以启发式地问幼儿:"想一想,这些积木可以怎么分类呢?"特别需要注意的是,我们不能以成人的标准来要求幼儿,只要幼儿能找出"共同点",就应该予以肯定。

五、种植与饲养

(一) 种植与饲养的内涵

学前儿童科学教育中的种植是指幼儿在园地、自然角(或泥盆、木箱等)种植花卉蔬菜和农作物等;饲养则是指幼儿在饲养角里喂养和照管习性温顺的动物。种植与饲养既是学前儿童科学教育的方法,同时也是学前儿童喜爱的活动。①

(二) 种植与饲养的特点

学前儿童的种植和饲养有着其自身的独特之处,主要表现在以下两点:

1. 为实现学前儿童科学教育目标而进行

不同于成人所进行的农业生产劳动,幼儿的种植和饲养不为获得生存资源,也不为追求经济价值,其主要任务是为了实现学前儿童科学教育的目标,帮助幼儿在种植和饲养的过程中亲近和探索自然界里的生命,并获得相关的知识和能力。

2. 技能简单易学,过程生动有趣

学前儿童种植与饲养中所需要的技能简单易学,不需要付出巨大的体力劳动,也不需要投入很大的资金成本,且种植与饲养的过程充满趣味,能有效地激发幼儿探索生命的积极性。另外,收获劳动成果时所体验到的成就感也有助于幼儿建立自信心。

(三) 种植与饲养的类型

1. 常见的种植类型(按栽培技术分)

(1) 水养植物

水养植物就是把植物的一部分浸泡在水里,让它在短期内萌发、生根、长茎叶,甚至开花。主要品种有:种子(蚕豆、花生、稻谷、玉米等)、蔬菜(白菜心、芹菜、萝卜、洋葱等)、树枝(杨树、柳树、水杉等)、花卉(月季花、迎春花、水仙花等)。需要说明的是,水养植物虽然有着能让学前儿童在较短时间内直观看到种子萌发、树枝发芽等优势,但往往只能看到植物生长的某一阶段,不利于学前儿童全面了解植物生长的全过程。

(2) 盆栽与园地植物

盆栽植物是指在泥盆里放置湿润的、富有养料的泥土,然后下种和扦插。对于有条件的幼儿园,可以进行园地种植。盆栽和园地种植可以有效地弥补水养植物只能了解植物某一阶段生长的不足,能够让学前儿童全面观察植物生长的全过程,以满足他们的求知欲望。

(3) 无土栽培

无土栽培是将植物生长需要的各种营养成分按一定比例进行搭配并制成溶液,在容器中放入一些洁净的玻璃球或沙子,然后将植物栽培在溶液中。这样能保证植物生长所需的营养,使学前儿童观察到植物生长的全过程。

(4) 温室技术

温室技术可以使得植物基本不受外界自然条件的影响而较快较好地生长,幼儿园里可以搭建简单的温室,在天气比较寒冷的季节里开展种植活动。

2. 常见的饲养类型(按动物品种分)

(1) 家禽饲养:鸡、鸭、鹅等。

---

① 施燕.学前儿童科学教育[M].北京:中央广播电视大学出版社,2014:72.

(2) 家畜饲养：小兔、豚鼠、小猫等。

(3) 鸟类饲养：鸽子、娇凤鸟、禾雀等。

(4) 昆虫饲养：蝈蝈、蚕、蚂蚁、蟋蟀等。

(5) 水生动物饲养：金鱼、乌龟、蝌蚪、螃蟹等。

(四) 种植与饲养的运用要求

1. 选择合适的种植和饲养对象

(1) 根据幼儿的年龄特征和动植物本身的特点选择

幼儿年龄小，种植、饲养的技能差，因此在选择种植与饲养对象时，要根据幼儿的年龄特征和动植物本身的特点来进行选择。

① 种植对象的选择

一般情况下，一些易生长、易照料、对土质肥料要求不高、生长周期相对较短、无毒无刺的植物比较适宜幼儿种植。具体安排时，还要考虑到各年龄阶段幼儿的不同特点，如表 4-1 所示。

表 4-1　各年龄段学前儿童的特点和适宜种植内容①

年龄段	特点	适宜种植内容	例子
3~4 岁	能力差，需要成人的帮助	种子颗粒大，生长快的少数品种	大蒜、向日葵、水仙花、吊兰等
4~5 岁	能力稍强，但还不能独立种植	比小班略丰富，但也是容易栽培的品种	茄子、青菜、萝卜、豆子、牵牛花、凤仙花等
5~6 岁	较强的劳动能力	品种多样	西瓜、生菜、土豆、花生、鸡冠花、菊花等

② 饲养对象的选择

一般情况下，应该选择一些比较温顺、对饲料要求不高、不易死亡，而且对幼儿没有伤害，不会传播疾病的小动物作为饲养对象。另外，形态可爱、叫声悦耳、动作灵巧等也常被作为选择的条件。幼儿园常饲养的动物有金鱼、蝌蚪、兔子、小鸡等。

(2) 根据地方性特点选择

自然的、身边的、熟悉的、生活中的事物是幼儿最感兴趣的，因此为学前儿童选择种植和饲养对象时还应该考虑到地方特点，一些本地常见的、具有代表性的动植物更加适合于当地的学前儿童科学教育活动开展。一方面，幼儿比较熟悉、有亲近感，另一方面，幼儿能进一步了解家乡的特色事物，激发热爱家乡的自豪感。

2. 坚持幼儿自主种植与饲养，教师重在帮助引导

在种植与饲养过程中，幼儿热情投入，积极地扮演着"小植物学家""小动物学家""小园艺师"等角色。但是也难免会遇到一些困难（比如劳动技能掌握不当等），此时

---

① 董佩燕，张晓焱.学前儿童科学教育[M].镇江：江苏大学出版社，2014：76.

教师切忌包办代替,而应该耐心地加以指导,鼓励、帮助幼儿克服困难,始终坚持幼儿为主开展活动。这样才能确保整个过程为幼儿亲身体验,促使他们深入了解种植和饲养的对象,真正实现科学教育的目标。

3. 结合幼儿的认知活动开展种植与饲养

运用种植与饲养的方法进行科学教育的目标是为了让幼儿学习科学。因此,教师要结合种植与饲养过程,利用各种机会开展认知活动,指导幼儿观察种植与饲养的对象甚至是使用的工具,坚持记录观察的结果,及时思考和解决遇到的问题,并从中体验问题解决的过程,学会解决问题的方法,不断激发幼儿的求知欲望,提高幼儿的科学认知水平。

六、早期科学阅读

(一)早期科学阅读的内涵

在学前儿童科学学习的过程中,不仅需要让学前儿童亲历科学探究的过程,还有必要让学前儿童充分利用各种艺术手段,尤其是低幼儿文学作品来开展科学学习。早期科学阅读便是指学前儿童通过阅读科学知识文学作品来学习科学的一种方法。

(二)早期科学阅读的特点

早期科学阅读作品将科学知识巧妙地融合在生动有趣的故事情节中,深受学前儿童喜爱,其特点如下:

1. 科学性

与其他低幼儿童文学作品相比,学前儿童科学阅读作品的最大特点便是其科学性,每一篇作品的内容里都必须体现一定的科学道理。科学性是学前儿童科学阅读作品的灵魂。

2. 文学性

学前儿童科学阅读作品同时还必须具有文学性。作品应该有丰富的想象、虚构的故事情节,以及生动的对话、形象的人物、美好的情景、富有感染力的语言等吸引学前儿童主动阅读,并从中获得科学知识、受到科学启蒙。文学性体现了作品的艺术水平,也决定了学前儿童的喜爱程度。

3. 适宜性

早期科学阅读作品必须从学前儿童的认知特点出发,适合他们的心理和生理发展,做到内容浅显易懂、形式生动有趣,确保学前儿童情感健康发展。作品是否适合学前儿童,是其能否实现科学教育目标的重要因素,也是区别于成人科普读物的重要标志。

(三)早期科学阅读的类型

早期科学阅读作品种类多样,按其题材,可将早期科学阅读活动划分为科学诗歌阅读、科学童话阅读、科学故事阅读、谜语阅读和其他形式阅读。

1. 科学诗歌阅读

科学诗歌以向学前儿童普及科学知识为主要目的,它是科学内容与诗歌形式相结合的产物。学前儿童科学诗歌的品种繁多,有科学叙事诗、科学抒情诗、科学儿歌和科学歌谣等,其中最为常见的是科学儿歌。例如,《磁铁》内容如下:磁铁是姥姥,铁针是宝宝。磁铁和铁针,关系真正好。铁针见磁铁,马上向她跑;跑到她身边,就要她抱抱。

2. 科学童话阅读

科学童话又称知识童话、自然童话,它是用童话的艺术形式向学前儿童传授科学知识,达到童话性和科学性相统一。科学童话的内容一般比较浅显,情节结构安排也比较单纯、简明,常采用拟人化的艺术表现手法,它能丰富学前儿童的科学知识经验、启迪学前儿童的智慧、愉悦学前儿童的心情。例如,《背着房子的蜗牛》《穿救生衣的种子》《蚂蚁破案》等都是可用作科学童话阅读活动的故事材料。

3. 科学故事阅读

科学故事将科学技术发明、常见自然现象的科学道理、动植物的生活习性或其他物体的特性等融入故事情节之中,是科学内容和故事形式相结合的产物。科学故事主要有科学生活故事、科学幻想故事、科学家的故事等,如《被剪掉胡子的小猫》《掉在地上的苹果》《水壶的病症》等。

4. 谜语阅读

谜语是通过隐喻和暗示,提供某些根据和线索供人猜测的一种隐语。谜语阅读活动中的谜语主要以具体的自然物体和某种现象为谜底,通过对该物体或现象特点进行具体形象描绘,影射谜底,以对学前儿童进行科学教育。例如,某一谜底内容如下:麻房子,红帐子,里面住着白胖子(谜底:花生)。

5. 其他形式阅读

我们还可以通过引导幼儿阅读科普画册,观看科普视频或电视节目等形式来丰富幼儿的科学知识,培养他们学习科学的兴趣。

(四)早期科学阅读的运用要求

早期科学阅读是学前儿童接受科学教育的方法之一,因此在教育过程中既要选择好阅读的材料,还要对幼儿的阅读方法和习惯加以指导。

1. 选择合适的早期科学阅读材料

选择早期科学阅读材料时,首先,应结合学前儿童科学教育内容的需要,开展主题性的早期科学阅读,扩大幼儿的科学视野,培养幼儿的想象力,提高幼儿的学习兴趣;其次,选择早期科学阅读材料一定要符合幼儿的年龄特点,不同年龄阶段的幼儿所选择的阅读材料应有所差异,以便幼儿从不同层次上把握对科学内容的理解。

选择早期科学阅读材料时还要注意其版式和印刷质量。一般情况下,适宜幼儿阅读的作品应有大画面绘图或图片、色彩丰富鲜艳、文字精练浅显、主题鲜明突出、印刷与纸张质量较好。

2. 幼儿自由阅读与师幼共同阅读相结合

在早期科学阅读中应注重幼儿自由阅读与师幼共同阅读相结合的方式。阅读前可以通过提问题的形式引发幼儿对阅读的兴趣,在幼儿熟悉和把握阅读材料的基础上,教师要鼓励幼儿对阅读内容进行总结、归纳,并结合阅读材料的难点、重点进行必要的指导,帮助幼儿将阅读材料的内容和自身经验相结合,从而使幼儿比较深入地理解阅读材料的主要内容,不断完善幼儿的认知结构,引导他们感受其中的科学知识。

第二节 学前儿童科学教育的组织形式

学前儿童科学教育活动的形式是多种多样的,教育实践中常按照参与活动的幼儿数量划分为三种类型:集体科学教育活动、小组科学教育活动和个别科学教育活动。

一、集体科学教育活动

集体科学教育活动是教师根据学前儿童科学教育的目标和任务,有计划、有目的地选择课题内容,创设相应的环境,提供合适的材料,面向全体学前儿童开展的科学探索活动。简单地说,是教师指导下开展的集体性的科学教育活动。

集体科学教育活动是由教师预期设计和组织的,从确定目标、选择内容、创设环境、准备材料,到组织、实施活动计划的整个过程中,教师发挥了重要的主导作用。它要求每一个学前儿童都要参与科学活动,教师对学前儿童进行集体的统一指导或个别指导,使每个学前儿童都通过自身的活动经历学习科学的过程,从而在原有的水平上获得发展。这种组织形式能保证每个学前儿童都掌握最基本的科学知识经验和方法技能,并且在教师的直接指导下提高学习效率。另外,在集体活动中,通过同伴间的相互交流和启发,学前儿童能分享共同学习的成果,体验共同学习的快乐,发展合作、倾听、讨论等在其他组织形式中不能获得的能力。

集体教育活动是目前在我国幼儿园中普遍采用的一种活动组织形式。考虑到当前我国广大城乡幼儿园的条件限制,尤其是教师与幼儿人数比例的限制,集体活动是更适合我国国情的、高效率的活动。而且在相当长的一段时期内,集体活动都将会是一种不可替代的活动组织形式。

尽管集体科学教育活动的形式稍类似于中小学的"课堂教学",但它仍是学前儿童主动探索学习的活动,因而,不能简单地将其等同于被动接受的灌输式教育。集体科学教育活动主要有以下几个方面的不同特点:[1]

---

[1] 张俊. 学前儿童科学教育[M]. 北京:人民教育出版社,2004:155-156.

（一）强调幼儿的"主动活动"而非"被动接受"

集体科学教育活动强调尽可能让幼儿与物质材料相互作用，即幼儿通过操作活动学习，幼儿是在"做科学"，而不是"听科学"。整个活动中，幼儿以自己操作物质材料的主动活动为主，而不是以观看教师实物演示和听取教师语言讲解的被动接受为主。

（二）注重幼儿的"理解习得"而非"机械记忆"

集体科学教育活动注重幼儿在自己的探索过程中获得对周围事物特征和关系的领会和理解，注重幼儿在自己的操作过程中发现问题寻找答案，而不是追求一些固定的结论，教师必须避免向幼儿灌输和让幼儿机械地记忆些无法理解的名词概念、科学术语和科学结论。

（三）教师的作用是"主导"而非"主宰"

集体科学教育活动中，尽管整个过程都是由教师设计和组织的，但幼儿仍享有充分的自由，特别表现在可以通过自己的操作活动来学习。教师的主导作用表现在指导、帮助幼儿学习，并根据幼儿的学习情况及时调整活动计划，而不是替代幼儿学习，更不是主宰幼儿的活动。

（四）集体科学教育活动不排斥个别差异和个别化学习

集体科学教育活动的形式并不意味着忽视幼儿的个体差异，更不排斥幼儿的个别学习。相反，在集体环境中，每个幼儿都是自主操作学习，同时还有和同伴、教师交流的机会。教师也会根据每个幼儿的具体情况开展个别的指导，以保证每个幼儿都能在自己的原有水平上获得发展。学前儿童集体科学教育活动和那种整齐划一、抹杀个性的教育活动有着天壤之别。

二、小组科学教育活动

小组科学教育活动是指两个或两个以上的幼儿共同进行的科学探索活动。小组活动可以是幼儿在科学角或科学发现室等活动中自发组成的三三两两的小型集体活动，也可以是教师根据幼儿的年龄、认知发展水平，抑或是学习内容的要求采取的分组活动形式。分组活动又可分为分组同时进行和分组轮流进行两种形式。分组同时进行是指将班级里的幼儿分成若干小组，各小组在同一目标的前提下进行科学学习，其探索的内容或操作方式可以有所不同，教师分别予以指导。分组轮流进行则往往是因为受到材料、场地、师资等条件的限制，教师先后对两个或两个以上小组的科学探索活动进行指导，幼儿交替地参与活动。

在使用小组活动的组织形式时，教师需要注意以下几点：

第一，在小组活动中，教师的主要任务是观察、了解幼儿的活动，并给予他们必要的指导，比如，向幼儿提出建议或提出启发性问题；提醒幼儿遵守规则或明确任务；帮助幼儿回忆已有的知识经验和技能；给幼儿再次示范和讲解，等等。

第二，幼儿在分组同时进行活动时，虽然进行的是同一内容的活动，但教师不能用同一标准去要求、评价幼儿，应肯定每个幼儿在自己发展基础上所获得的进步。

第三,幼儿在分组轮流进行活动时,内容上要避免重复。例如:在"认识电话"的活动中将幼儿分为两组,一组是认识电话,了解电话的特征和用途,另一组是制作自己的电话。实际上,第二组活动的开展要以第一组活动作为基础,教师在指导幼儿制作电话时就应该先引导了幼儿了解电话的外形特征,但在交换小组后,该组还要再进行认识电话的活动,对这组幼儿来说,他们的学习是重复的,学习的内容对他们来说缺少挑战性和新颖性。

三、个别科学教育活动

个别科学教育活动是指一个幼儿进行的科学探索活动,它可以是一个幼儿在科学角、科学发现室等自由选择区域的自发活动,也可以是由教师根据个别幼儿(具有特殊才能或发展有障碍的幼儿)的特殊需求安排和进行的科学教育活动。个别科学教育活动有利于教师因材施教,发挥幼儿的主体性功能,但对设备、材料有更高的要求,对教师的教育技能要求也更高。

个别活动与小组活动被统称为非集体活动,是对集体活动的补充,从某种意义上说是集体活动的延伸或继续。在开展科学教育活动的过程中,教师应该根据科学教育的内容灵活运用,注意将三种活动组织形式有机结合、相互补充,以促进学前儿童的科学学习。

课后思考题

1. 如何有效运用观察、实验、测量、分类、种植与饲养、早期科学阅读等方法开展学前儿童科学教育活动?
2. 如何合理选择和利用各种组织形式开展科学教育活动?

第五章 学前儿童科学教育活动与活动指导

1. 理解各种类型学前儿童科学教育活动的特点和作用。
2. 掌握各种类型学前儿童科学教育活动的设计与指导方法。

情境导入

在秋季,落叶在我们生活中随处可见,但往往被我们忽视。小班孙老师为了将树叶融入幼儿的一日生活之中,设计了科学教育活动——捡落叶,将生活与游戏密切结合,让幼儿在玩中学,乐中学。首先,孙老师通过播放音乐《小树叶》,引导幼儿进入情境。邀请幼儿一起捡树叶,要求每个人只能捡一片自己最喜欢的树叶。然后,请幼儿说说自己捡到的树叶是什么样子的并送小树叶回家(按形状、颜色分类)。最后,小朋友在音乐声中送小树叶回家,让小朋友充分感受到帮助小树叶的快乐,同时用自己的身体语言表达快乐。

思考:在本次活动中,教师是如何开展科学教育活动的?

第一节 观察类科学教育活动与活动指导

一、观察类科学教育活动概述

(一)观察类科学教育活动的内涵

本书第四章已详细介绍了观察作为一种科学教育方法的内涵。观察类科学教育活动就是以观察为主要认知手段,让学前儿童探索客观事物、现象的特征,发展学前儿童的科学认知,培养科学情感,形成科学态度,训练科学方法的一种科学启蒙教育活动。

(二)观察类科学教育活动的价值

观察是学前儿童了解自然的基本途径,是学前儿童认识客观世界的重要方法。婴儿呱呱坠地来到世上,周围的一切对他都是陌生的、崭新的,他语言不通、缺乏经验,只具有生物本能。他对发光、发亮、发声的物体好奇地注视,通过各种感知觉捕捉到的客观事物的外部属性。在成人的帮助下,形成颜色、声音、气味、味道、形状、硬度、温度等概念来描述事物和现象。因此,以观察为主要手段的观察类科学教育活动是学前儿童科学教育活动的主要形式。具体来说,观察类科学教育活动具有以下价值:

(1) 激发幼儿的兴趣与好奇心:通过观察自然现象或科学实验,幼儿可以直接感受到科学的奇妙之处,对科学产生兴趣和好奇心。

(2) 提高幼儿的观察力与思考力:观察类科学教育活动可以培养幼儿的观察力和思考力,通过仔细观察和分析现象,幼儿可以学习准确的观察技巧,发展逻辑思维能力。

(3) 培养幼儿的科学方法论:观察类科学教育活动有助于培养幼儿的科学方法论,幼儿会通过观察、实验和验证等步骤逐渐了解科学的工作方式,提高科学素养。

(4) 增强幼儿的实践能力:观察类科学教育活动通常需要幼儿进行实地观察或实验操作,这有助于培养幼儿的实践能力和动手能力。

(5) 培养幼儿的合作精神:观察类科学教育活动通常需要幼儿进行小组合作,共同完成任务。这有助于培养幼儿的团队合作精神和沟通能力。

(三) 观察类科学教育活动的分类

本书第四章已介绍观察的类型,即包括个别物体观察、比较性观察、长期系统性观察。观察类科学教育活动的常见类型包括一般性观察活动(个别物体观察活动)、比较性观察活动、长期系统性观察活动和随机性观察活动。

1. 一般性观察活动

一般性观察活动即幼儿通过有目的地运用感官感知认识某一特定事物如动物、植物、自然现象、科技产品等的活动,如观察小兔子,认识西红柿、苹果、镜子等。一般性观察活动在幼儿园小班进行得较多。

2. 比较性观察活动

比较性观察活动即幼儿通过对两种或两种以上事物的观察和比较,发现异同从而认识事物的活动。在学前教育阶段,比较性观察活动一般是从比较事物的不同点开始,然后再比较事物的相同点。因为事物的不同点易被观察到,而事物的相同点却是要经过比较、概括才能找到。对于难度较大的比较性观察活动,教师应加强引导,帮助学前儿童学会从事物的外形特征和事物的本质特征去看待问题。比较观察活动可以使学前儿童对客观事物的认识更准确,这类观察活动必须在学前儿童学会个别物体观察的基础上才能进行,一般在中、大班开展得比较多。

3. 长期系统性观察活动

长期系统性观察活动即幼儿在较长的时间内,持续地对某一物体或现象进行系统性观察的活动。长期系统性观察活动的特点是观察的时间长,对幼儿观察的持久性要求高,一般多开展于大班。

4. 随机性观察活动

随机性观察活动即不是按预先制定的计划进行的,而是随当时、当地出现的一些偶然现象组织的观察活动。例如,夏天雷雨后,天空出现了彩虹,教师就可引导幼儿观察。又如,有幼儿从家里带来了一条小泥鳅,引起不少幼儿围观时,教师就可捕捉教育契机组织观察泥鳅的活动。

二、观察类科学教育活动设计与指导要点

(一)观察类科学教育活动的设计

1. 观察类科学教育活动的准备工作

(1)确定观察内容,选择观察对象

观察的内容应该由科学教育目标和学前儿童的发展特点决定。一般来说,观察内容是本地区常见的事物,如常见的动植物和大自然的事物、现象等,并且所选择的观察对象应该是完整的,如让学前儿童观察菊花,应该选择枝叶茂盛、组成部分完好无损的菊花。

>  **拓展阅读**
>
>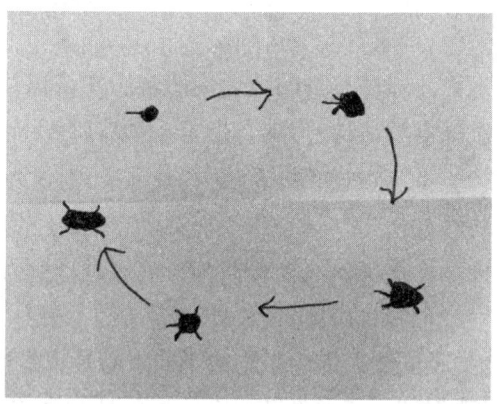
>
> 小蝌蚪变青蛙(各个年龄段的观察内容要点)
>
> 小班幼儿观察的要点:小蝌蚪是什么颜色的?小蝌蚪有嘴巴吗,它会吃东西吗?小蝌蚪会变成什么?小蝌蚪的尾巴会变没吗?(教师出示图片,引导幼儿观察青蛙生长过程中的外部特征变化)
>
> 中班幼儿观察的要点:你知道小蝌蚪喜欢吃什么吗?蝌蚪是怎样变成小青蛙的?小蝌蚪是先长前腿还是先长后腿?(先长后腿)(教师出示图片,引导幼儿观察青蛙生长变化的过程及内容联系)
>
> 大班幼儿观察的要点:青蛙卵是怎样变成小蝌蚪的?小蝌蚪需要多少天才能

变成小青蛙?(约17—20天)小青蛙喜欢什么样的家?(青蛙是卵生,小青蛙需要生活在水中和陆地上)为什么呢?(因为青蛙是用肺呼吸,所以要生活在陆地上)青蛙是什么类的动物?(两栖动物)你能将蝌蚪变青蛙的整个过程用图画表现出来吗?(教师出示图片,引导幼儿观察总结青蛙生长变化的原因及本质特征)

(2) 熟悉观察对象,确定观察地点

教师根据观察内容确定观察对象后,应首先自己熟悉观察对象,掌握其相关科学知识,以引导幼儿正确认识。然后要根据观察对象的特点和本园的资源特征确定采用室内还是室外观察。在观察的物质条件创设上,尽可能采用实物进行直接观察,如条件不具备可选用标本、模型、图片等,但要注意不论选择什么形式的观察对象,都要力求特征典型、形象可爱,为幼儿所接受并喜爱。此外,观察对象的数量也应根据具体情况和观察要求而定,可以是全班幼儿共同观察一个对象(班级人数较少的情况下),也可以每个幼儿一份或一个小组一份。观察对象所在的位置与幼儿的座位均要做适当的安排,以保证所有幼儿都能顺利地进行观察。

(3) 制订观察计划

教师在观察活动前应制订观察活动计划,具体包括:活动主题内容、活动目标、活动准备、活动方式方法、活动步骤与过程、活动注意事项等。

2. 观察类科学教育活动目标的设计

具体教育活动的目标设计应遵循科学教育领域的总目标,具体落实科学知识(认识观察对象的多样性、显著特征,探寻观察对象的变化规律等)、科学技能(运用多种感官感知事物的特征,对不同的对象进行比较观察、有顺序的观察、长期系统的观察,观察事物的变化和现象的发生;运用语言大胆讲述、交流自己在观察中的发现;运用图画、数字等多种方式记录与呈现自己观察的结果)、科学情感(对观察活动感兴趣,喜欢动植物、科技产品,爱护动植物,爱护大自然等)方面的发展目标。目标设计时应考虑学前儿童的年龄特点以及智力发展水平,设计适宜学前儿童发展的活动目标。对不同年龄的学前儿童应该确定不同的观察目标。例如,小班幼儿在观察事物时,仅能关注事物的表面现象(颜色、形状等);中班幼儿则能逐渐认识和了解事物与事物之间的简单关系(发生了什么事);大班幼儿已能在教师的启发、引导下发现事物变化的较本质的原因。

3. 观察类科学教育活动过程的设计

一般教育活动过程由三部分构成:开始部分、基本部分、结束部分。无论是哪种类型的观察活动,首先,在开始部分应交代清楚本次观察活动的观察任务。其次,在活动过程的设计中,要根据观察的类型,设计活动过程。在一般性观察活动过程中,应直接出示观察对象,引导学前儿童有顺序地观察,运用多种感官观察。在比较性观察活动过程中,应引导学前儿童比较性地观察,比较观察对象的异同。在长期系统性观察活动过程中,教师或家长应预先设计好观察计划,引导学前儿童养成定时、定点长期系统地观察某一事物或现象变化的习惯,并做好观察记录。最后,组织学前儿童交流观察的结果。交流的方式多种多样,可以是语言交流,也可以是非语言的方式交流。

幼儿园开展的观察类科学活动设计过程可概括为以下。

(1) 单个物体(同类)和比较性观察:出示观察对象,幼儿自由观察,表达交流,教师引导观察,表达交流,总结评价。

(2) 展示观察(认识事物多样性):搜集物体,布置展览,共同参观,表达交流,教师总结。

(3) 现象观察(重点是观察变化的发生):引出对象或问题,观察现象,观察中的交流和指导,讨论和交流总结评价。

(4) 户外观察:提出问题与要求,个别观察与指导,分享和表达体验。

(二) 观察类科学教育活动的指导要点

1. 引导幼儿明确观察的目的

活动时,应向幼儿提出观察的具体任务和要求,明确观察的对象,并带着问题去观察,既可以避免盲目性,又能减少随意性。有目的的观察可以使幼儿的观察过程更留心、更仔细,观察得更到位,并且能准确地用语言表述出观察现象和结果,从而提升观察效果,达成活动目标。

2. 引发幼儿观察的兴趣

为引发幼儿的观察兴趣,教师可以用生动简练的语言或游戏口吻、游戏方法开始观察活动。也可以用儿歌、谜语、故事、提问和启发性谈话等方式作为引入,最简单的方式是直接呈现实物,幼儿对新奇的事物容易产生观察和探究的欲望,教师可以利用观察对象的显著特征来吸引幼儿对观察对象的注意,激发其观察兴趣。

3. 引导幼儿运用多种感官参与观察

在观察类科学教育活动中,尽量让幼儿运用各种感觉器官感知观察对象的各种属性,在引导幼儿观察时,要尽可能让幼儿听到它的声音,闻到它的气味,尝尝它的味道,动手摸摸它、捏捏它,感受它的光滑度、硬度与温度,掂掂它的重量等。由于输入大脑的信息多,对事物的印象深刻,幼儿对物体的认识就会更加具体和全面。

 **案例分享**

小班科学活动"多彩的肥皂"

在开展"多彩的肥皂"的科学活动时,教师为幼儿准备了不同形状、不同颜色的肥皂,让小朋友试着摸一摸、看一看、闻一闻,借助我们身上不同的感官感知肥皂的外部特征。孩子们果然很有兴趣,有的用手摸,说肥皂是硬的、光滑的,有点油,有点黏;有的用鼻子闻,说肥皂香香的,有的像橙子味,有的像柠檬味;有些较内向的幼儿用眼睛看,他们在与同伴交流着说:"肥皂的颜色有白的、有绿的、黄的,形状也不一样呢。"这时,教师鼓励孩子们把自己的发现介绍给大家。通过多种感官观察,孩子们了解到肥皂有不同的颜色、不同的形状和不同的气味。

4. 引导幼儿运用有效的观察方法进行观察

(1) 引导幼儿按一定顺序全面地观察事物。如从整体到局部,再从局部到整体,从明显特征到不明显特征,从上至下或从下至上,从左至右或从右至左,从外到内或从内到外等。观察植物的顺序可以是根—茎—叶—花—果实;也可以是果—花—叶—茎—根。观察动物的顺序可以是头—身—尾—四肢。观察水果可以由表及里等。系统观察能帮助幼儿形成一定的认知结构以提高观察的精度与速度,也使幼儿获得的印象有条理,便于贮存记忆。观察顺序不是机械的、一成不变的,可以根据具体情况灵活处理,但不能杂乱无章地观察。

(2) 引导幼儿运用比较的方法进行观察。即对相似事物中的不同因素,对不同事物中的相同因素进行对照和辨别——同中求异和异中求同,如引导幼儿观察两朵看似十分相同的菊花,要求找出不同点;到动物园观察花豹、斑马和老虎,要求幼儿说说相同的地方。也可对两种不同的方法所产生的结果进行比较,从而找到正确的方法。如让幼儿思考"硬币能漂在水面上吗?"并引导幼儿做小实验。幼儿会尝试运用各种方法:将硬币往水里扔,将硬币轻轻地放在水面上,将硬币用卫生纸托住、轻放在水面上。

案例分享

中班科学活动"奇妙的镜子"

在"奇妙的镜子"科学活动中,教师让幼儿比较玻璃和平面镜的不同、凹透镜和凸透镜的不同。用看一看、摸一摸、照一照的方法,比较其中的异同,通过观察、比较,幼儿发现可以透过玻璃看到玻璃前面的东西,但从玻璃里只能看到模糊的自己。平面镜是用玻璃做的,但它后面涂着一层水银,我们不能透过镜子看到镜子前面的东西,而从镜子里可以看到清晰的自己。

(3) 引导幼儿观察事物的特征。事物的特征分表面特征和本质特征。表面特征是可以通过事物的形状、颜色、气味、软硬度、光滑度等形象感知获得的。如兔子的表面特征是长耳朵、短尾巴、前腿短、后脚长、一身软毛等。认识事物的表面特征有助于幼儿辨识事物的名称,也有助于幼儿对事物进行推理。本质特征是不能够单从事物的具体形象直接感知到的,而是一物区别于另一物的关键因素。理解事物的本质特征,就必须借助比较、推理等方法。

(4) 引导幼儿观察事物的变化。在观察变化中的事物时,教师要引导幼儿将变化前和变化后的事物结合起来,帮助幼儿比较事物变化前后的异同,使幼儿能具体地了解事物变化的过程和实际情况。

(5)教师的提问应围绕观察目的,提出明确的问题,使幼儿明确观察的范围和思考的方向。教师要避免连续提出一连串的问题,或者只提出一个包含了许多观察内容的宽泛问题。提问应该具有启发性、开放性和指向性,避免暗示性。提"是什么""什么样"一类的问题,可以使幼儿将观察到的和记忆中的事物描述出来;提"为什么""怎么样"一类问题,可促使幼儿通过观察去发现事物之间的关系。

5. 帮助幼儿做好观察记录

(1)动作表现。把自己观察到的现象用动作表现出来是最简单、最明了的一种记录方式,这种方式比较适合于小班。如在小班的科学活动"落下来",有90%的幼儿能用动作来表现不同物体从高处落下来的不同姿态。

(2)语言表达。即幼儿能把自己观察到的现象用语言表达出来,这表明较上一种表现方式,幼儿的智力发展水平又进了一步。如在小班的科学活动"落下来"中,幼儿会说:"纸条落下来像在跳舞""鸡毛是轻轻飘落下来的"。

(3)符号记录。从动作表现到语言表达,再到用符号记录,幼儿的思维活动发生了质的变化,实现了质的飞跃。用简单的符号记录把自己观察到的现象表现出来,既形象又便于操作。

(4)艺术表现。即幼儿用绘画、粘贴等艺术形式做观察记录。例如,记录种子发芽需要的条件时,教师可以准备好种子发芽需要条件的图片,幼儿只需要选图片来补充粘贴即可。这种形式对个别能力相对较弱的幼儿来说,操作性很强。

6. 组织幼儿讨论和交流观察结果

(1)多提开放性问题。如"你发现了什么?""你还发现了什么?"鼓励幼儿与小伙伴分享观察结果的快乐。

(2)给幼儿思考的时间。提出问题后,教师要善于等待,使幼儿有充分思考和表达的时间和机会,避免"走过场"。

(3)引导幼儿交流观察的过程。幼儿讨论时,教师应认真倾听,然后灵活地根据幼儿的交流情况加以总结,并提供有关知识,诱发前期经验,使幼儿能完整地理解观察对象。

7. 引导幼儿从表面观察到本质思考

从某种意义上说,从表面观察到本质思考是观察的最高要求。观察的目的主要是为了解决问题,在引导幼儿观察时,不能仅仅停留在表面观察这一层面上,而要继续引导幼儿思考观察对象之间的关系。如让幼儿拿一个装有八成水的小玻璃瓶横放在不同的桌面上,引导幼儿观察瓶内水泡的活动特征。如果幼儿在该观察活动中仅仅注意水泡的变化,并以此游戏,他还只是停留在了活动的表面。教师应当引导幼儿在观察的基础上思考"水泡的变化"与"桌面"之间存在什么样的关系,从而发现:如果桌子平整,则瓶内的水泡位于瓶的中间。否则,水泡就会跑向两头——如向左跑,则说明桌子左高右低,如向右跑,则说明桌子左低右高。

三、观察类科学教育活动的案例

(一)集体科学教育活动案例

活动案例1:认识西红柿①(小班)

活动目标:

1. 运用多种感官感知西红柿的外部和内部特征。
2. 能大胆地用简单的语言表达自己观察西红柿的发现。
3. 通过品尝美味的凉拌西红柿,体验活动带来的乐趣。

活动准备:

西红柿若干、幼儿安全切菜刀若干、切菜板若干、白砂糖少许、制作凉拌西红柿的步骤图。

 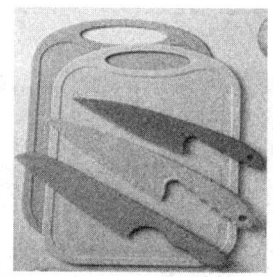 

活动过程:

1. 以游戏导入,激发幼儿对活动的兴趣

教师:小朋友们,今天老师给你们带来了一位蔬菜朋友,我把它藏在了神秘袋里,猜猜看是什么蔬菜呢?我们一起把它请出来吧!

2. 引导幼儿进行第一次观察,运用多种感官感知西红柿的外部特征

(1) 引导幼儿运用多种感官感知西红柿的外部特征

教师:请你找到一个西红柿,用手摸一摸,用眼睛看一看,用鼻子闻一闻。

引导幼儿仔细观察西红柿的外部特征,并鼓励幼儿大胆讲述自己在观察中的发现。

(2) 师幼共同小结

幼儿交流自己的发现,师幼共同总结西红柿的外部特征。

小结:西红柿是圆圆的、红红的,用手摸起来滑滑的、凉凉的,闻起来有西红柿的香味。

3. 引导幼儿进行第二次观察,感知西红柿的内部特征

教师:西红柿的肚子里面藏着什么呢?请你用刀把西红柿切开,仔细观察!

(1) 教师讲解并示范安全切菜刀的用法

---

① 活动设计者:赵珊珊,南京晓庄学院实验幼儿园

(2) 幼儿操作并运用多种感官观察西红柿的内部结构

引导幼儿观察西红柿的内部特征,鼓励幼儿大胆讲述自己在观察中的发现。

(3) 师幼共同小结,总结西红柿的内部特征

小结:西红柿有红红的皮,皮下有红红的果肉。西红柿肚子里藏着几个小格子,每个格子里面都有籽,还有汁,闻起来酸酸的。

4. 让幼儿了解西红柿的烹饪方法,师幼共同制作并品尝凉拌西红柿

(1) 让幼儿了解西红柿的烹饪方法

教师:小朋友们,你们都吃过哪些西红柿做成的菜肴呢?

小结:西红柿可以做成西红柿炒鸡蛋、西红柿蛋花汤等;西红柿不仅可以炒着吃,还可以像水果一样洗干净了直接吃。

(2) 幼儿品尝凉拌西红柿

师幼分工合作制作凉拌西红柿。

教师:小朋友们,现在请你们把西红柿切成一片一片的,我们一起来制作好吃的凉拌西红柿吧!

活动评析:本活动是个别物体观察类活动。幼儿通过两次观察,由外及里地对西红柿进行了充分的感知。第一次观察,幼儿运用手、眼等感官感知西红柿的外部特征包括其颜色、形状等;第二次观察,幼儿切开西红柿,感知西红柿的内部特征。在观察过程中,教师鼓励幼儿大胆地用语言表达,并且根据幼儿的发现进行归纳和小结。在活动过程中,幼儿不仅充分感受到了科学主题观察活动的乐趣,还积累了对西红柿的认识。

活动案例2:我为蚂蚁照相①(中班)

活动目标:

1. 能够按一定的顺序去观察,并能描述蚂蚁的外形特征。
2. 经历观察蚂蚁的过程,体验观察、研究小动物的乐趣。

---

① 教育部教育管理信息中心组.全国优秀幼儿科学教育活动课例评析[M].重庆:西南师范大学出版社,2011:62.

活动准备：

记录单、笔人手一份；昆虫观察镜人手一只；教师用蚂蚁范例一份（拼图性质的）；小组蚂蚁拼图三份；蚂蚁照片若干。

活动过程：

1. 回忆生活经验，画出记忆中的蚂蚁

(1) 谜语导入，引入课题，激发兴趣

远看芝麻撒地，近看黑驴运米，不怕山高路途远，只怕跌进热锅里。（蚂蚁）

(2) 谈话

蚂蚁是大家都熟悉的动物，你能描述一下它是什么样子的吗？下面请你把熟悉的蚂蚁画在记录单上。

(3) 画蚂蚁

分析：幼儿在画蚂蚁时会发现，原来自己熟悉的小动物身上也有许多不太清楚的地方。这样，在后面的观察中，他们会有意识地去了解这些细节。

展示所有幼儿记录单上绘画的蚂蚁，教师引导幼儿发现每个人记忆中的蚂蚁各不相同。

教师：大自然中的蚂蚁到底是什么样子的呢？今天，我们就来认真观察蚂蚁。

2. 学习顺序观察，了解并描述蚂蚁的特征

(1) 出示蚂蚁，每人通过昆虫观察镜来观察一只蚂蚁

教师提出观察要求：

蚂蚁在昆虫盒里，小朋友看的时候尽量不要来回翻动，以免吓到蚂蚁；可以从盒顶的放大镜里观察蚂蚁，耐心地从头部开始观察蚂蚁长得是什么样子的。小组同伴间可以自由交流发现的秘密。（一名幼儿发言，其他幼儿可以质疑、辩论。）

幼儿分组探究，教师深入到各小组巡视，指导、帮助幼儿观察。指导重点：蚂蚁身体分几节，蚂蚁身体各部分的细节是怎样的。

(2) 汇报交流蚂蚁的外部特征

教师：我们每个小朋友都观察了蚂蚁，是不是比以前有了更多的发现？谁能说说你看到的蚂蚁是什么样子的？还有谁发现了其他小朋友没有观察到的东西？

分析：在幼儿进行汇报时，教师要注意引导其他幼儿仔细倾听，并和自己的观察结果进行比较，鼓励幼儿补充完善。幼儿回答的同时，教师出示对应的蚂蚁分解图片。

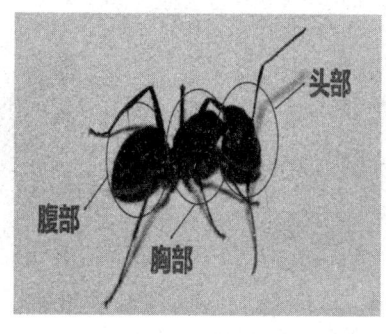

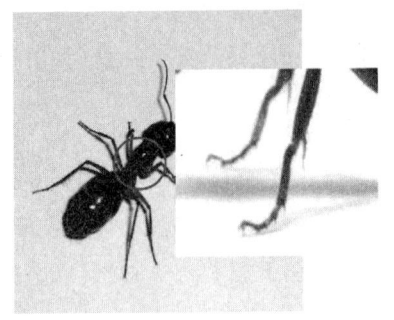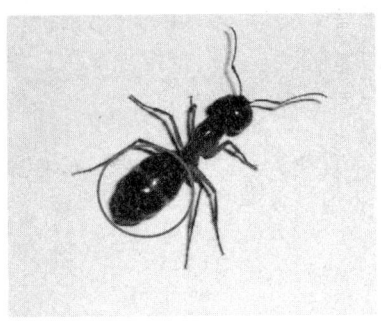

以小组为单位,请幼儿相互合作,拼出完整的蚂蚁图片,并贴在白纸上。

展示小组作品,小结:我们经过观察,发现蚂蚁的身体可以分为头、胸、腹三部分,头部有两只触角、两只眼睛、还有两个大颚;胸部长了三对足;腹部大大的,有些毛。(教师边总结边拼图,使之成为完整的蚂蚁图片。)

教师:今天我们认识了蚂蚁,现在请你们为蚂蚁照相,该怎么照呢?(引导幼儿有顺序地绘画,帮助幼儿巩固对蚂蚁的外部特征的认识。幼儿拿回自己的记录单,完善记录单。)

3. 延伸

展示幼儿画的蚂蚁图,出示另一部分蚂蚁图片,供幼儿欣赏、了解。

教师:蚂蚁的种类很多,老师也带来了另一些蚂蚁的图片,小朋友们可以轮流看看。

工蚁　　　　　　　　红牧蚁　　　　　　　　行军蚁

 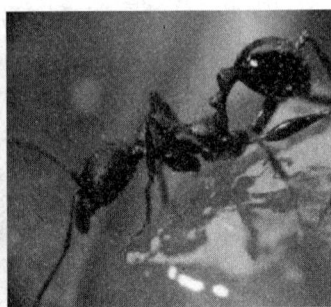 

蜜罐蚁　　　　　　　大头蚁　　　　　　　　黑蚂蚁

教师:蚂蚁是我们经常见到的小动物,蚂蚁世界也很神奇,你们想知道蚂蚁世界的秘密吗?你还想知道哪些有关蚂蚁的事?还有什么问题,一会儿我们回到教室把它们记录下来,一块儿找出答案,好吗?

活动评析:整个活动环节过渡自然,幼儿参与活动的兴趣一直很高,活动目标完成较好。把预设的"集体拼图"环节调整为四人一组的"小组拼图",幼儿可以边观察拼图边调整,这样在小组成员达成共识之后,教师同时展示各种拼图,幼儿会自己进行比较,通过比较发现异同,再次观察调整,直到各组再次达成共识。这样的安排使幼儿参与活动的积极性更高了,教师教得更轻松,幼儿学得主动,真正做到了教师是引导者、支持者,幼儿才是学习的主人。

活动案例3:好吃的蔬菜(中班)

活动目标:

1. 运用比较观察的方法,巩固对常见蔬菜名称、颜色、形状、味道等特征的认知,学习用语言表达自己的发现。

2. 喜欢吃蔬菜,知道多吃蔬菜身体好。

活动准备:

1. 每人从家里带来一种或几种蔬菜,放在活动室的桌子上,布置成"菜场"。

2. 各种蔬菜图片做成PPT:把蔬菜局部遮挡住,玩捉迷藏游戏。

活动过程:

1. 逛菜场

(1)幼儿分散看看、摸摸、闻闻、认认、说说各种蔬菜。

引导语:今天老师带你们去菜市场逛逛,请你们看一看菜市场里都有些什么菜,摸一摸这些菜有什么感觉,闻一闻这些菜有什么味道,边看边和旁边的小朋友说一说。

(2)幼儿介绍自己最喜欢的蔬菜。

引导语:请小朋友每人买一样自己最喜欢的蔬菜回到座位。

重点提问:说说你买的是什么蔬菜,它长什么样子?(教师有针对性地选几个买了不同蔬菜的幼儿,引导幼儿从蔬菜的颜色、形状、味道等方面做介绍)和别人的菜比起来有什么不一样的地方?(引导幼儿比较这些蔬菜的差别)

"茄子——紫色的、弯弯的……"(引导幼儿说说像什么)

"西红柿——红红的、圆圆的,摸上去是怎样的感觉?"(滑滑的)

"小青菜——有绿绿的叶子,像一棵小树一样。还有什么也是绿叶蔬菜?"

"黄瓜绿绿的、长长的,仔细看看上面还有什么?"(小刺)

"花菜——像什么?摸上去什么感觉?"

"藕——一节一节的,它里面什么样子?"(老师现场用刀切开看看,发现有很多丝,这就叫"藕断丝连"。)

小结:原来蔬菜是各种各样的,不仅颜色各不一样,有红的、白的、绿的,还有紫的。它们的形状也不一样,有长长的,弯弯的,还有圆圆的,有的像伞,有的像花。

2. 找蔬菜

(1) 游戏一:猜谜语。

引导语:老师有一些谜语,请每组推选一位小朋友来参加猜谜大赛,比比能不能从谜语里面猜出说的是哪种蔬菜?看谁找得快,说得对。

红公鸡,绿尾巴,脑袋埋在地底下。(胡萝卜)

瘦长的身材,翠绿的皮肤,全身是疙瘩,丑了自己美了别人。(黄瓜)

圆紫色衣,肉白细,煮过后,衣儿肉儿都变色。(茄子)

圆脸儿像苹果,又酸又甜营养多,既能做菜吃,又可当水果。(番茄)

指导要点:引导幼儿注意谜语中的描述与蔬菜外部特征的关联。

(2) 游戏二:捉迷藏。

引导语:今天蔬菜宝宝还要和大家玩个捉迷藏的游戏,它们只露一点点小脸蛋,请你们猜猜它们是谁?(PPT逐一出现被局部遮挡的各种蔬菜图片,幼儿猜测,PPT验证)

3. 尝蔬菜

(1) 说说蔬菜的营养。

引导语:蔬菜宝宝都夸小朋友们厉害,这么快都把它们猜出来了。蔬菜宝宝想问小朋友,你爱不爱吃蔬菜,你觉得多吃蔬菜都有什么好处?

(2) 尝尝蔬菜制品。

引导语:老师准备了一些好吃的蔬菜,你们去吃吃看,边吃边说一说你吃到的是什么菜,你最喜欢吃什么菜。

小结:蔬菜营养丰富,小朋友们要多吃蔬菜,不挑食,这样才能身体健康,长得更高更快更聪明。

4. 送蔬菜

我们一起念儿歌《十二月菜》,把带来的蔬菜送到食堂去。请食堂阿姨用我们带来的蔬菜做成当日的午餐或者蔬菜沙拉。

活动延伸:

1. 蔬菜加工厂:刨萝卜丝、榨蔬菜汁、做蔬菜饼。

2. 蔬菜分分类:

(1) 按食用部分分类(根、茎、叶、果实);

(2) 按烹饪方式(生吃或烧熟)分类;

(3) 按颜色分类;

(4) 按形状分类。

活动案例4:大侦探[①](大班)

活动目标:

1. 了解案件剧情,观察、比对现场指纹,知道指纹的特点与作用。

---

① 活动设计者:朱英,苏州高新区东渚实验幼儿园

2. 通过观察对指纹进行比较分类、匹配完善,并能在有依据的推理中找到"小偷"。

3. 体会指纹科技在生活中的作用,感受推理游戏的智慧与有趣。

活动准备:

操作纸、白板课件

活动过程:

1. 案件导入,发现指纹

(1) 剧情介绍,引出角色。

——今天朱老师请小朋友们当大侦探,帮助小镇居民破案。请听剧情:接到报警,小镇发生一起盗窃案。警察叔叔邀请小助手破案,找到"小偷",案发现场就是这个房间,昨晚聚会后主人的戒指找不到了,警察找到参加聚会的五个嫌疑人,但他们都说没有偷戒指。

——请你观察一下这五个人是什么身份?

(2) 人机互动,发现指纹。

——办案要有证据,哪里有证据?

——请你运用工具去现场找找,有没有什么发现。

2. 细致对比,匹配指纹

(1) 自主分类,汇总相同指纹。

——你找到什么?这些指纹一样吗?一共有几种不一样的指纹?这些指纹分别有什么特点?

小结:每个人的指纹都不一样,有不同纹路,是独一无二的。

(2) 分析操作,匹配指纹主人(排除一名)。

——找到的这三个指纹分别是谁的?请连线匹配。

——五名嫌疑人现在排除两名邻居,范围缩小。

3. 匹配路径,寻找"撒谎者"

(1) 比较操作,调查记录真实指纹路径。

——他们的指纹分别落在什么物品上呢?我们要亲自去找找。记录表能帮助你梳理线索,请小侦探们三个人一组,在指纹所在物品格子上打钩,不能遗漏指纹哦。

——一个个依次来排除,横向纵向交替结合来看。先找到物品,然后看它上面有几个指纹,最后再比对是谁的。

(2) 倾听语音,表征三位嫌疑人指纹路径。

——请你把听到的记录下来,看他们说了什么物品?

(3) 梳理表格,找出路径不符的"撒谎者"(排除女助手)。

——有两位在撒谎,我们可能遗漏了重要线索,让我们再去仔细翻找,看看是否藏着重要线索。

4. 完善指纹,锁定目标

(1) 重回"现场",发现新指纹线索。

——还藏着掩藏的半个指纹,请看它的主人是谁?

(2) 完善指纹,匹配指纹主人。

5. 真相大白,链接生活

谢谢大家的帮助,在大家的细致观察,聪明推理中,让我们根据指纹线索一步步抓到"小偷",真了不起。你们知道吗?真实生活中,指纹科技有非常重要的作用哦。

(二) 日常生活科学教育活动案例

*活动案例 1:彩虹*①

夏天的一个下午,孩子们刚起床,突然就下起了大雨。不一会儿,雨就停了。"啊,大家看那儿,天上有颜色的。"晨晨突然嚷了起来。正在游戏的小朋友们都涌到窗口,顺着晨晨手指的方向看过去。果然,天上若隐若现地出现了一条条的颜色。凯凯边跳跃着边告诉大家:"彩虹,彩虹,这是彩虹,我妈妈说的。"小朋友都很兴奋,观察着被凯凯称之为"彩虹"的东西。

老师也走过来了,她接着凯凯的话说:"是的,这是彩虹。为什么叫它彩虹呢?"

"因为是有颜色的。""因为是彩色的。""是五颜六色的,所以叫彩虹"。孩子们七嘴八舌地回答。

老师又问道:"五颜六色?大家看到了些什么颜色呀?"

"老师,天上为什么会有彩虹呢?""它平时去哪里了呢?"孩子们问道。

老师接着问:"天上什么时候会有彩虹的呢?"

"下雨以后。""下大雨后。""还要有太阳。"孩子们回答。

第二天,老师带着大家到室外游戏,她带了一个水杯。老师走到阳光下,将水洒出去。"彩虹、彩虹。"孩子们惊呼起来。

*活动案例 2:小蜗牛的秘密*②

5 月连续多日下雨。一天中午,大雨停歇后,孩子们跟往常一样在教室门外自由活动。不一会儿,几个孩子兴奋地跑到教师身边,你一言他一句地对教师说:"有一只

---

① 施燕,等.学前儿童科学学习与发展核心经验[M].南京师范大学出版社,2021:68-69.
② 施燕,等.学前儿童科学学习与发展核心经验[M].南京师范大学出版社,2021:79-81.

蜗牛爬到我们教室的窗台上了。"没过多久,知道这件事情的孩子越来越多。大家都围在一起看蜗牛。有的孩子用小手摸了摸蜗牛,有的孩子把蜗牛抓了起来,还有的孩子用玩具去碰碰它。

教师小心翼翼地把小蜗牛放在透明盒子中,再放到"自然角"中。这样既能满足孩子的好奇心,又能保障蜗牛的安全。

孩子们边仔细观察着边自发地讨论着各种话题:

"它走得很慢是因为没有脚吗?"

"身上那个是它的房子吗?它住在里面?"

……

也不时地提出各式各样的问题:

"头上两个是触角吗?"

"蜗牛吃什么?"

"它为什么雨天跑出来?"

"它的眼睛在哪里?能看见我们吗?"

"它最害怕什么?"

"蚂蚁跑得快还是蜗牛跑得快?"

……

接下来的几天里,每天都有孩子带来自己的书、网上资料和大家一起分享。每当生活活动、自由活动时,孩子们都会抽一些时间来看看小蜗牛。诺诺、声声还根据自己搜集到的资料,给小蜗牛喂了一些菜叶、胡萝卜、瓜果皮等食物。妞妞知道蜗牛喜欢阴暗潮湿的环境,还在自己小区中挖了一些湿泥土给蜗牛当家园。

顺着孩子们对蜗牛的兴趣,教师生成了科学活动《有趣的蜗牛》和美术活动《美丽的蜗牛》两节集体教学的内容。科学活动中,教师和孩子们一起系统梳理、提升观察蜗牛获得的经验。美术活动中,孩子们用稚趣的笔触描绘了蜗牛的生活。

几天后,大家一起把蜗牛送回"家",让蜗牛回归到自然的生存环境中去。

第二节　实验类科学教育活动与活动指导

一、实验类科学教育活动概述

(一) 实验类科学教育活动的内涵

实验类科学教育活动是指学前儿童在教师指导下通过自己动手操作仪器和材料以发现客观事物的变化规律及其因果联系的科学活动。实验类科学教育活动通过学前儿童亲自动手操作，自主探索，培养学前儿童对自然科学现象的兴趣和求知欲。

(二) 实验类科学教育活动的价值

第一，实验类活动能调动幼儿学科学的主动性和积极性，培养学前儿童探索科学的兴趣。

第二，实验类活动能让幼儿体验到科学探究的本质。通过真正的"做科学"，幼儿学习发现问题、提出问题、解决问题的过程正是科学研究的过程。

第三，实验类活动有助于幼儿理解科学现象。在实验中，幼儿亲身经历探索科学的全过程，对科学现象有了直观的了解，这些往往能够成为幼儿印象深刻的记忆。

第四，实验类活动能培养幼儿的动手操作能力，发展观察能力和思维能力，是对幼儿智力的综合训练。

二、实验类科学教育活动的设计与指导要点

(一) 实验类科学教育活动的设计

1. 实验类科学教育活动的目标设计

(1) 科学好奇心

注意到新异的事物或现象，愿意探究新异的事物或现象，对新异的事物或现象提出问题并进行探究，详见表5-1。

(2) 科学探究能力

能通过自己的观察、操作获得发现；能对问题作出假设并用自己的经验来加以检验；能根据已经获得的资料进行合理推断、得出结论；能根据过去的经验或逻辑推断对现象进行解释和观测，详见表5-1。

表 5-1 科学实验活动目标的设计

	活动目标	年龄	举例
科学好奇心	注意到新异的事物或现象	小班或以上	注意到有些东西放在水里总是会浮起来(小班:沉浮)
	愿意探究新异的事物或现象	中班或以上	发现物体在水里会出现沉浮现象,愿意用不同的物体来进行试验(中班:沉浮)
	对新异的事物或现象提出问题并进行探究	大班	提出有关沉浮现象的问题或自己尝试解决有关沉浮的问题,如"怎样改变物体的沉浮状态"等(大班:沉浮)
科学探究能力	能通过自己的观察、操作获得发现	小班或以上	通过观察发现不同物体在水中的沉浮状况(小班:沉浮)
	能对问题作出假设并用自己的经验来加以检验	中班或以上	能根据自己的经验预测不同物体在水中的沉浮变化,并通过实验加以检验(中班:沉浮)
	能根据已经获得的资料进行合理推断、得出结论	中班或以上	在实验的基础上总结哪些物体在水里是沉的、哪些是浮的(中班:沉浮)
	能根据过去的经验或逻辑推断对现象进行解释和观测	大班	能根据过去已有的经验来解释小"潜水艇"的沉浮变化(大班:潜水艇的秘密)

2. 实验类科学教育活动的过程设计

(1)活动思路设计

① 演示操作式

演示操作有两种情况。一种是基于对幼儿操作安全等方面因素的考虑,完全由教师演示实验,幼儿观察实验过程和实验现象。这类活动要以幼儿的探究学习为目的,教师要让幼儿明确探究的问题,要选择恰当的演示方式,充分显示实验的直观性、形象性,以激发幼儿的兴趣,教师要引导幼儿有针对性地观察,穿插提问,启发幼儿归纳总结。另一种是教师示范演示,然后幼儿对应操作,通过自己的观察获得发现。

案例分享

除水垢①(大班)

活动目标:

1. 初步了解水垢的危害及简单的除垢知识。
2. 产生对化学小实验的操作兴趣。

---

① 活动设计者:朱兴霞,济南市天桥区实验幼儿园

3. 学会正确的操作方法，具有细致的观察能力及对实验现象正确表达的能力。

活动准备：

白醋、水垢清除剂、玻璃杯、药匙、有水垢的热水瓶和新热水瓶各一个，用醋、除垢剂分别除垢后的热水瓶各一个。

活动过程：

一、引导幼儿观察水垢，知道水垢对人们的危害

1. 幼儿观察瓶内的水垢，认识水垢。

教师手持有水垢的旧热水瓶和新热水瓶，请幼儿轮流观察两个瓶内的情况，说一说两个热水瓶的不同，知道热水瓶内附着的物质就是水垢。

2. 请幼儿想一想、说一说，还在哪里、什么容器里见到过水垢？

3. 教师小结，讲述水垢的危害。

这些粘在水壶和水瓶里的东西叫水垢，它是由水中的杂质和矿物质随水被加热、烧开以后变成的。水壶、锅炉烧水多了或者热水瓶、饮水机使用时间长了，它们的表面就会结成一层水垢。水壶里有了水垢，水就不容易烧开，浪费燃料；水垢的碎块如果被我们喝进身体里，会损害健康、导致生病；工厂里的大锅炉如果不除水垢，还会有爆炸的危险。

二、幼儿操作实验，观察除垢的过程

1. 幼儿观察玻璃杯中的液体：无色、透明，闻一闻气味，知道杯中的液体是白醋。

教给幼儿闻液体的方法：一只手扶住杯子，另一只手在杯口轻轻煽动，再用鼻子闻煽动的空气。

2. 幼儿观察盘中的水垢：黄色的、粉状或块状。

3. 让幼儿用药匙把水垢放入白醋，观察发生的变化。

4. 幼儿讲述自己观察到的情况。

5. 教师小结：白醋和水垢放在一起，水垢会产生气泡，渐渐变小，这种变化叫化学反应。

三、讨论交流，了解除水垢的多种方法

1. 观察用醋、除垢剂分别除垢后的热水瓶各一个，知道除了用醋，还可以用专门的除垢剂来除垢，而且效果更好。

2. 请幼儿说说，还知道哪种除水垢的方法，哪一种最省力最好用。

案例分析：

该活动属于"演示操作式"的设计。教师通过引导幼儿观察、回忆、讨论来帮助幼儿认识水垢，幼儿通过自己的操作获得发现。活动的重点在于幼儿发现有关的现象，而不在于给幼儿正确的答案。

② 自由引导式

自由引导类科学教育活动即由教师通过材料引导学前儿童先进行自由探究，然

后再组织学前儿童交流、谈论,引起学前儿童进行有兴趣、有目的的进一步探究。

案例分享

有趣的电动玩具①(小班)

活动目标:
1. 能够在动手操作的过程中比较出两只玩具小狗的不同。
2. 养成爱惜玩具的好习惯,懂得好玩具要大家一起玩。
3. 了解电动玩具的特点,初步学会电动玩具的正确玩法。

活动准备:
活动前请每位幼儿从家里带一样电动玩具来幼儿园。

活动过程:
一、对比观察,引出主题
二、出示两只玩具小狗,一只是电动小狗,一只是用布做的小狗。教师请幼儿来玩玩具小狗,引导幼儿让玩具小狗动起来,并让幼儿说一说两只玩具小狗有什么不同?
二、自由探索活动,了解各种电动玩具的玩法
  1. 请幼儿自由玩自己带的汽车、小火车、小鸡、小鸭等电动玩具,互相介绍自己的玩具是怎样玩的。
  2. 请个别幼儿向全班幼儿演示电动玩具的玩法,并让幼儿说说这些电动玩具有什么特点。
  (1) 启发引导:如果没有电池,电动玩具还能动吗?如果开关没打开,电动玩具还能动吗?
  (2) 教师小结:电动火车、电动手枪等许多玩具必须装上电池、打开开关才能动起来,所以它们叫电动玩具。
  3. 教师与幼儿一起找一找各个电动玩具放电池的位置和开关,并讲解正确的操作方法。
  4. 幼儿互换玩具玩,使幼儿懂得要和大家一起分享好玩的玩具。
三、欣赏儿歌,养成爱惜玩具的良好行为
  1. 教师朗诵儿歌《爱惜玩具》。
  2. 讨论交流,知道玩玩具应该养成的良好行为习惯。

案例分析:
该活动主体部分属于"自由引导式"的实验操作。即让幼儿自由探索两种玩具(一只是电动小狗,一只是用布做的小狗),发现两只小狗的不同,探索电动玩具的不同玩法。其中,老师的问题设计具有针对性,幼儿容易理解。

---

① 活动设计者:周文菊,济南市天桥区实验幼儿园

③ 猜想验证式

猜想验证类科学教育活动是指针对某一问题,教师启发学前儿童运用已有的知识经验进行猜想,提出猜想可能发生的问题,然后幼儿进行实际探索活动来验证先前的猜想是否正确。

 **案例分享**

水娃娃变魔术(中班)

活动目标:
1. 尝试运用多种感官初步感知糖、奶粉、果珍粉能溶化在水里,感受水的变化。
2. 能用比较完整的语言将自己在活动中的发现大胆地表述出来。
3. 愿意参与实验活动,对科学实验产生探究兴趣。

活动准备:
1. 一杯白糖水,标记指示图,磁铁板一块。
2. 装有温开水的水壶每组两把,奶粉、果珍、白糖若干盘,小勺、水杯人手一个,盖布四块。

活动过程:
一、观察活动,引入主题
1. 教师出示一杯白糖水,让幼儿猜猜是什么水。
2. 请个别幼儿品尝,说说是什么味道的。
3. 猜测活动:水怎么会是甜的?
二、实验活动:水娃娃的魔术,理解溶化现象
1. 观察桌上的材料,说说都有些什么。
2. 请幼儿猜猜看如果把这些料放在水里会怎样。(幼儿自由表达)
3. 提出操作要求:
(1) 只能选择一种饮料粉进行冲调。
(2) 水壶倒水时,一手拿好把手,一手扶住壶身,不能倒得太满。
(3) 使用过的物品(小勺、水壶)要放回原处。
4. 幼儿操作,教师观察。
比较探讨"饮料粉"到哪儿去了。(帮助幼儿理解"溶化",并引导幼儿发现:怎样才能使饮料粉溶化)
三、品尝活动,加深对溶化现象的理解
说说调配好的水是什么味道的。
四、表述结果,教师记录
1. 请个别幼儿说说自己的冲调方法、步骤。
2. 教师利用标记指示图进行记录。

> 五、再次冲调饮料，激发幼儿探究兴趣
> 1. 提出要求：
> (1) 选择另一种材料进行冲调。
> (2) 鼓励幼儿尝试用不同的方法来冲调。
> 2. 幼儿操作。
> 活动延伸：
> 1. 你还喝过哪些味道的水？
> 2. 水除了能使糖、奶粉、果珍粉溶化，还能使什么溶化？
> 案例分析：
> 该活动属于"猜想验证式"的设计。幼儿对于溶化现象有一定的经验和认识，但是知之不多。这一活动就是利用幼儿对溶化现象的一定经验，鼓励幼儿大胆猜想，并让幼儿通过实验拓展他们的认识，验证他们的猜想。

(2) 活动过程设计

① 活动的导入

活动的导入是活动开始的引子，将学前儿童科学教育活动的内容亲切地、自然地引发出来，以激发幼儿的学习兴趣，将幼儿注意力引导到活动中来。教师可通过以下方法导入实验操作活动——以摆放在幼儿面前的操作材料导入，以教师的演示实验导入，以创设问题情景导入，通过幼儿生活中的某一常见的科学现象导入，通过谜语、儿歌、故事、影像资料导入等。

② 活动的展开

活动展开的设计是活动过程设计的主要部分，也是最重要的部分，实验操作类科学活动大部分内容都集中在这一环节，占总活动时间的80%左右。这部分活动的设计应从以下几个方面考虑：

第一，要设计条理清楚、层次分明的活动步骤。教师要思考缜密，把握活动过程中各个环节的逻辑关系，明白知识点，清楚重点、难点。从科学性和幼儿的认知特点出发引导幼儿明晰在操作过程中先做什么、后做什么，遵循事物发展变化的科学规律层层递进。

第二，要灵活运用多种教学方法和组织形式。实验操作类科学教育活动多采用小组活动的组织形式，有时也用集体、小组和自主合作方式进行，对中、大班的幼儿可积极鼓励合作探索。在教学方法的选择上，要最大限度地让每一个幼儿都积极参与实验操作活动。

第三，要科学投放实验操作的材料。幼儿实验操作活动所需的材料可一次投放也可分次投放，根据活动需要来设分次投放材料，可突出教师的指导意图，使活动由浅入深、由表及里层层展开，对幼儿逻辑思维的培养和科学方法的训练都大有好处。

(二)实验类科学教育活动的指导要点

本书第四章中所介绍的"实验的运用要求"同样也是教师开展实验类科学教育活动的指导要点,除此之外,教师还应关注以下两点:

1. 实验过程中与幼儿共同探讨问题

在遇到问题时,教师不要急于把问题的答案告诉幼儿,以避免超越幼儿的理解能力或变相灌输,也不要用一种居高临下的态度来教"科学知识",应和幼儿展开平等的讨论,共同探究问题。教师应成为幼儿实验探究的支持者、合作者和引导者,在实验中要给予幼儿出错的权利。教师要了解幼儿的真实意图和认识水平,不要急于批评或制止幼儿,要真诚地询问、耐心地倾听和观察。

2. 鼓励幼儿对实验的现象和结果展开讨论、交流

教师要引导幼儿在实验中仔细观察,注意实验材料在操作过程中的变化,记录实验中的发现;引导幼儿分析在实验中观察到的现象,鼓励幼儿向同伴和教师提出质疑,以实验的事实为依据展开争论,从而解释实验的结果。因此,教师一方面要预留充足的时间让幼儿操作、讨论和交流,另一方面也要给参与其中引导交流方向和结果。

三、实验类科学教育活动的案例

(一)集体科学教育活动案例

活动案例 1:认识磁铁[①](小班)

活动目标:

1. 对生活中的科学探索活动感兴趣。
2. 认识磁铁,知道磁铁能吸住含铁的物品。
3. 能大胆动手操作和实验。

活动准备:

1. 每人一个装有回形针、积木、塑料玩具、纸片、石头、布、废旧钥匙、螺丝帽等材料的小托盘。
2. 磁铁若干。
3. 钓鱼竿、纸质小鱼(一部分小鱼身上有回形针,一部分小鱼身上则没有)若干。

活动过程:

1. 游戏导入:玩游戏"小猫钓鱼",初步感知磁铁能吸铁的特性

导入语:喵喵喵喵,今天我们的活动室里来了许多许多的小猫咪,小猫咪拿上钓鱼竿帮妈妈钓鱼吧。

教师:你们是用鱼竿的哪个部位把鱼钓上来的?(引出磁铁)

---

① 活动设计者:范花群,湖北省荆门市电力幼儿园

教师:为什么有的小鱼能钓起来,而有的小鱼不能钓起来?(引导幼儿发现曲别针含铁,磁铁能吸住含铁的物品。)

2. 探索实验

(1) 给每位幼儿发一块磁铁,并请幼儿给磁铁"找朋友"。

(2) 幼儿实验,将磁铁的"朋友"找出来。

(3) 讨论交流。

教师:你们给磁铁找到朋友了吗?它的朋友都有谁?(回形针、螺丝帽、钥匙)

小结:磁铁能吸起含铁的物品。

3. 找找玩玩

请幼儿观察教室里的物品,想一想什么是用铁做的。幼儿每人拿一块磁铁,在教室里找一找,玩一玩,然后告诉大家为什么认为自己找到的是铁制品。

活动延伸:

幼儿拿着磁铁去操场上寻找更多的朋友。

活动案例2:趣探旋涡(中班)[①]

活动目标:

1. 初步了解水旋涡现象形成的原因。

2. 尝试制造出水旋涡,探究影响旋涡的形态大小的因素。

3. 多角度发现水旋涡的形态美,体验操作、发现的乐趣。

活动准备:

1. 经验准备:

(1) 幼儿已在生活中发现旋涡的存在。

(2) 幼儿有使用多种材料搅拌水的经验。

2. 物质准备:

(1) 操作材料:幼儿和教师人手一个装有水的水桶、观察记录表。

(2) 搅拌材料:木棒、长吸管、硬卡纸条、细铁丝、粗细不一的树枝等。

(3) 辅助材料:雪花片、树叶、小泡沫粒、木屑、塑料纽扣、细火柴棒、吸管碎段、石子段等。

(4) 多媒体课件:透明容器中从侧面和上面拍摄的水旋涡视频、抽水马桶视频、龙卷风视频、螺旋式上升的楼梯、旋涡图案等各种各样的旋涡PPT。

活动过程:

1. 唤醒经验,激发兴趣

教师:你看见过旋涡吗?旋涡是什么样子的?

教师:旋涡是怎么形成的呢?今天我们就一起来动手试试制造旋涡。

2. 自由玩水,初造旋涡

---

① 活动设计者:戴逸夫,苏州高新区东渚实验幼儿园

(1) 尝试制造水旋涡

教师：这里有木棒、水桶，可以怎么制造旋涡呢？请你去试一试吧。

教师：你们刚才成功了吗？你是怎么制造旋涡的？

教师：没制造出旋涡的小朋友，你们遇到了什么问题？谁有好办法？

（以视频方式记录幼儿制造水旋涡过程，便于幼儿交流分享）

小结：原来，在水中，我们使用木棒插入水中往同一个方向快速地、不停地旋转就能制造出旋涡。

(2) 感知水旋涡的形态美

教师：小朋友分享了制造水旋涡的好办法，这次请两人一组合作再去试一试，看看从不同角度看水桶中制造出的水旋涡有什么不一样？

要求：每人操作一次，一人制造，一人从不同角度观察水旋涡；操作结束后，收拾材料，两人相互交流自己的发现。

教师：谁来分享你们的发现？从哪边看，旋涡像什么？

小结：幼儿通过自主体验，产生对制造旋涡的科学探究兴趣，在独自操作、两人合作的过程中，幼儿发现问题、交流互学、解决问题，同时，教师借助多媒体手段，让幼儿更直观地看到操作过程，激发幼儿思考制造水旋涡的正确方式，引导幼儿从侧面、上面等不同角度观察感受水旋涡的形态美。

3. 加入辅材，趣探旋涡

教师：如果将雪花片、泡沫粒、颜料等这些小物品放在水旋涡里，旋涡又会有什么惊奇的变化？请你们两人一起试一试，把发现记在记录表上，待会我们一起来分享你们的发现。

（幼儿自主选择辅助材料操作体验）

教师：你们有什么发现？谁来说一说。

教师：旋涡真有力量，能把这么多东西都吸到里面去。还有不一样的发现吗？有什么材料是吸不进去的吗？

教师：为什么这些材料没有被吸到旋涡里面去呢？

教师：你们说的都有可能，重的东西会直接沉在水底不会被旋涡卷起来，我们的桶太小了，制造的旋涡也小，所以不能把重的东西卷起来。

小结：幼儿自主选择辅助材料，放入正在旋转的旋涡中，体验旋涡的动态美。该环节中，幼儿不仅观察到旋涡的动态美，而且发现了由于辅助材料重量、大小的差异，旋涡呈现出不同的形态。在操作过程中，教师针对幼儿提出的"有些材料被旋涡吸进去；有些没有被吸进去，一直沉在底下"的现象进行现场追问、提炼和讨论，激发幼儿进一步探索的欲望。科学不是立竿见影地给予幼儿既定答案，而是启发幼儿学会思考，因此教师面对幼儿的猜测予以支持和肯定，能给予幼儿不断探索的信心。

4. 活动延伸：了解生活中的旋涡

教师：今天我们一起尝试制造水旋涡，发现了旋涡的小秘密，其实在我们生活中旋涡也是到处可见的。

(1)观看抽水马桶抽水的视频,了解旋涡给人类带来的帮助。
(2)观看龙卷风视频,了解旋涡带来的危害。
(3)观看螺旋式上升楼梯、旋涡花纹的装饰品的图片,欣赏旋涡的艺术美。

教师:旋涡跟我们的生活密不可分,让我们一起在生活中寻找更多的旋涡吧。

小结:科学发现最终将回归于生活,此环节是经验的迁移拓展和提升。幼儿通过前面的多次尝试,探索发现了旋涡的一些奥秘,在此基础上观看生活中旋涡的不同形态和旋涡的作用的视频,将自身经验、科学发现与生活紧密联系。

活动案例3:会跳舞的盐①(大班)

活动目标:

1. 初步了解并感受声波可以产生振动的现象。
2. 能观察到盐粒随声音大小的变化而变化。
3. 萌发对科学活动的探究欲望。

活动准备:玻璃杯、薄膜、盐粒、纸巾若干、沙子振动视频。

活动过程:

1. 情境导入

教师:小朋友,老师今天带来了一个朋友,大家看看这是什么呀?(展示食盐)

教师:现在老师想问大家一个问题,你们喜不喜欢跳舞呀?

教师:食盐姑娘今天要参加厨房舞会,可是她不会跳舞,所以她想请各位小朋友们帮帮忙,让她能在舞台上跳起舞。大家愿不愿意呢?

教师:那么大家开动一动自己的小脑筋,想一想怎样让食盐姑娘在舞台上跳舞呢?

刚刚小朋友们说了各种各样的方法,那我们来试一试好不好(请幼儿操作实验)

2. 观看视频,寻找答案

教师:看来大家这些方法都不行,可是舞会就要开始了,食盐姑娘可着急了。既然小朋友们现在还没有想到好办法,那老师来给大家看一个视频,请大家从中寻找答案。看完后你们要告诉老师看到了什么,听到了什么。

(播放视频,播放前告诉幼儿有颜色的是细细的沙子,并在视频播放期间提醒幼儿仔细听。)

3. 观看视频,初步感受声音与沙子振动的关系

教师:刚刚我们看了视频,现在老师想问问小朋友们,你们看到了什么?听到了什么?

教师:所以有没有小朋友想到沙子是怎么动起来的呢?刚刚听到了声音!所以是什么让沙子动起来的呢?

教师:小朋友们真聪明,发现了是声音让沙子动起来的。

---

① 活动设计者:陈思洁等改编,盐城师范学院教育科学学院

小结:声波的振动可以使沙子动起来。

4. 第一次实验,探索让食盐跳舞

教师:既然声波的振动可以使沙子动起来,那我们也可以用这个方法助食盐姑娘跳舞,这样食盐姑娘就可以参加舞会了。老师请各位小朋友试一试,我们发出"啊——"的声音,来让食盐跳起来好不好!

老师有两个要求:第一,老师会给来体验的小朋友发一张纸巾,小朋友发出"啊"的声音时用纸巾轻轻遮住嘴巴和鼻子,防止把盐吹跑了;第二,体验的小朋友在实验的时候其他小朋友要保持安静,好不好!

5. 第二次实验,探索不同大小的声音与食盐的关系

教师指导幼儿开展实验。

教师:小朋友们,现在老师让薄膜上的食盐跳舞,老师会尝试两次,你们要注意看,注意听,这两次有什么不一样的地方。(用大小不一样的两种声音)

教师:小朋友们有没有发现两次有什么不一样的地方呀?

幼儿:一次盐跳起来了,一次没有!

教师:对的,小朋友真棒,老师两次都发出声音了,那声音有什么不同?

幼儿:声音大小不一样,一次大,一次小!

小结:声音越大,食盐就跳得越高;声音越小,食盐就跳得越矮,甚至跳不起来。

6. 第三次实验,伴随音乐参加舞会

教师:现在请小朋友们让食盐姑娘跟随音乐跳舞吧。(播放音乐,幼儿操作)

教师:现在小朋友们把手中的纸巾都放到桌子中间,检查一下自己手上和身上有没有盐,如果有就擦一擦哦!

活动总结:

声音是通过振动产生的,声音的振动会产生声波,声波会让空气振动,保鲜膜也跟着一起振动,所以就会看到保鲜膜上的食盐也跟着动了起来;而且声音越大,食盐跳得越高,声音越小,食盐跳得越矮。

活动延伸:

在区域活动中提供碎纸屑、小米、干枯的树叶,让幼儿探究这些材料能否"跳舞",并思考和实验还有哪些材料可以"跳舞"。

活动案例4:小小魔术手[①](大班)

活动目标:

1. 通过改变橡皮泥的形状让它浮在水面上。
2. 通过活动发展类比推理思维。
3. 大胆用语言表述活动过程,发展口语表达能力。

---

① 教育部教育管理信息中心组.全国优秀幼儿科学教育活动课例评析[M].重庆:西南师范大学出版社,2011:192.

活动准备：

橡皮泥若干条、装有水的水箱、铁块、记录表等。

活动过程：

1. 出示轮船导入

教师：孩子们，这是什么？（铁块）把它放在水里会怎样？（沉底）那铁船为什么不会沉底？

铁块或金属块改变形状做成轮船就能浮在水面上。生活中还有很多金属制成的东西也能浮在水面上。

橡皮泥比铁块软多了，更容易改变形状，如果我们把橡皮泥改变形状，它就一定能浮在水面上吗？

教师：你们想把它改变为什么形状？（幼儿纷纷作答）你们的想法可真多，把这些想法写在记录表上好不好？

分析：结合幼儿的生活经验提出问题，引起幼儿的思考，调动幼儿主动参与活动的积极性。

2. 介绍记录表

教师：把你捏出的不同形状的东西，记录在表的最上面一格，捏出后放在水里试试，如果能浮上来，就在它下面画一个成功的标记。

分析：正确使用记录表对幼儿来说很关键，能帮助幼儿归纳已有经验，活动开始前，教师应当详细讲解记录表的使用方法。

3. 幼儿尝试改变橡皮泥的形状，让它浮在水面上

教师应针对幼儿的不同表现进行引导。如果发现有的幼儿不能成功对前一次的造型进行改进，就要引导幼儿观察别人，找出自己的橡皮泥沉底的原因，思考应该再怎么捏，捏成什么样子才能使橡皮泥浮上来。

让幼儿交流各自改变形状的原因，谈谈自己为什么捏出这种形状。

分析：本环节是这次活动的重点，教师必须细心观察，及时发现幼儿的需要和存在的问题，关注幼儿解决问题及合作交流的过程。教师需要给幼儿提供不断尝试的机会，不应过多地干预幼儿的想法和做法，这样才更加有利于培养幼儿的独立性和创

造性。

4. 讨论实验过程和结果

教师：你们都捏出了什么形状，试过几次，哪些形状成功了？你们发现了什么问题？捏成什么形状能浮上来？

分析：教师要鼓励幼儿尽可能使用规范的语言讲述自己的发现和实验结果。教师一定要尊重幼儿的想法，切不可轻易否定他们的结果，要引导幼儿在活动后继续进行实验。

5. 活动小结

改变橡皮泥的形状，将它捏成小碗、小船就能浮起来。

（1）先把橡皮泥捏成薄饼状，再在它的周边围成一个空间，使里面有足够的空气，这样就不会下沉了。

（2）要尽量捏薄一些，才更容易漂浮。

（3）要保持橡皮泥边缘的厚度一致，如果一边轻一边重就会下沉。

教师：今天我们成功地改变了橡皮泥的形状，让它浮了起来。以后你们要多观察生活，看还有哪些材料可以通过改变形状而浮在水面。

分析：本环节是活动的点睛之处。教师应尽可能调动幼儿的经验，精练地归纳出活动的重点，给幼儿提供启示。

（二）区域科学教育活动案例

活动案例1：哪些东西会滚？（小、中班）

活动目标：

1. 在探索、操作中发现并了解什么是滚动，知道能滚动的物体的主要特征。

2. 会用简单的符号记录自己的猜测和实验结果。

活动准备：

教师可以把生活中的一些小物件，如饮料瓶、小盒子、小球、电池等搜集起来，或让幼儿自己搜集，让幼儿探索哪些小物件可以滚动，找出能滚动的物体的主要特征。

活动过程：

1. 幼儿观察桌子上出示的物品，然后猜测、记录结果

教师：如果你觉得它会滚，就在相应问号栏里画"√"；如果你觉得它不会滚，就在相应问号栏里画"×"。

2. 幼儿互相交流自己的猜想

教师：请你和同伴说一说自己的猜测，为什么你觉得有的会滚，有的不会滚呢？

3. 通过实验验证自己的猜想

幼儿积极参加实验探究活动，并仔细观察物品能不能滚动，及时记录实验结果。

教师指导：

鼓励幼儿大胆猜想，并进行实验验证结果。引导幼儿发现有圆面的物体会滚动，没有圆面的物体不会滚动。

活动案例2：球的滚动（中班、大班）

活动目标：发现球滚动的速度与坡度、坡面之间的关系。

活动准备：网球、洗衣板、积木、皮球。

活动过程：

1. 出示材料，幼儿思考有什么办法让球滚动起来，比比谁的方法多。

2. 尝试制造斜坡使球滚动起来：不用力气，让球自己滚动起来，你有什么办法？

3. 比较探索，尝试改变球的滚动速度。

活动延伸：

在一样的坡度、坡面上，大小不同、轻重不同的球的滚动速度会怎样？

活动案例3：迷宫（中班）

活动目标：了解磁铁的特性。

活动准备：

1. 迷宫板一块（大小约70厘米×70厘米）

（1）可用塑料板或其他薄型材料制成（塑料板厚度约1毫米），四边角钉上脚即迷宫板，放在桌上时，桌面和迷宫板的间隔距离要足够大，使手能在板下自如地移动。

（2）迷宫的设计可以从简单到复杂。

2. 磁铁若干块

3. 小动物造型一个，底部有能被磁铁吸住的材料

活动过程：

1. 将小动物放在迷宫的入口处，幼儿手握磁铁在迷宫板下移动，牵引小动物从入口处进入迷宫，再从出口处出来。

2. 游戏时只使用磁铁使动物移动，不能用手直接去移动小动物。

活动案例4：磁铁（中班）

活动目标：观察和感知磁铁"同性相斥，异性相吸"的特征。

活动准备：磁铁笔、磁铁球、铁丝条、铅笔。

活动过程：

1. 用磁铁笔靠近磁铁球，有时磁铁球会被磁铁笔吸住，有时磁铁球会被磁铁笔推开。当磁铁笔吸住磁铁球时，用铅笔标注出位置，每次当磁铁笔靠近这个位置时，磁铁球就被吸住，不在这个位置时，磁铁球被推开。

2. 一手拿住铁丝条，另一只手将磁铁球靠近铁丝条，变换它们之间的位置，看看会发生什么。

活动案例5：不怕水的纸（大班）

活动目标：了解纸的特性，有的纸会被水浸湿，有的纸不会被水浸湿。

活动准备：

水箱、各种纸材料（手工纸、餐巾纸、瓦楞纸、铅画纸、橡塑纸、手揉纸、卡纸）、网兜、记录卡。

活动过程：

1. 尝试将各种纸放入水中漂浮。

2. 过一段时间后用网兜将纸材料捞出水面。

3. 看看哪些纸被水浸湿，哪些纸没有被水浸湿。

4. 用笑脸符号为不怕水的纸做记录，用哭脸符号为怕水的纸做记录。

活动小结：纸容不容易被水浸湿是受到纸的质地、厚薄等因素影响的。

第三节　技术制作类科学教育活动与活动指导

一、技术制作类科学教育活动概述

（一）技术制作类科学教育活动的内涵

技术制作类科学教育活动是以真实的科学本质为基础，以试验性的步骤逐渐让幼儿获得对科学技术的基础认识，了解技术的转化和中介作用，从而为幼儿提供理解和掌握这个现代化世界科技的窗口。同时，技术制作类科学教育活动以幼儿的最大参与为目的，让幼儿充分感受和操作使用简单的科技产品，学习使用工具；设计并开展小制作，让幼儿投入到对科技的探究之中，在操作中发现问题，在实践中尝试解决问题，从而学会对所看见的和所做的事情进行思考。

（二）技术制作类科学教育活动的价值

1. 技术制作类活动有助于促进幼儿学习品质的发展

学习品质指学习的"态度、行为、能力"，是衡量个人学习能力高低的标准。技术制作类活动中蕴含了从观察到思维、从认识到操作、从想象到创造等多种教育契机，它从幼儿兴趣入手，通过幼儿的观察、触摸、摆弄、操作和自发的尝试性探究，将学习、思考、观察、操作等因素有机结合起来，引导幼儿找到正确、有效的学习方法，并把学到的知识应用于实践,逐渐养成良好的学习品质。技术制作类活动能开发幼儿潜在的智力和能力因素,促进幼儿智力、能力的全面发展。

2. 技术制作类活动有助于激发幼儿的学习兴趣和创新意识

幼儿天性好奇,由好奇而产生的问题能引起幼儿主动探索的兴趣。教师在设计学前儿童技术制作类课程时,要选择些充满趣味、操作性强,包含一定科学知识的技术制类内容,引导幼儿对科学现象产生浓厚的兴趣,进而驱动他们产生强烈的求知欲和学习知识的兴趣。

创新能力是最受关注的学习品质之一,幼儿思维活跃、想象力丰富、求知欲强,对未知世界充满好奇心,这些都是创新意识的起点,也是创新能力的心理基础。创新意识主要体现在两个方面:一是创造新的事物;二是创造新的途径。教师在指导幼儿从事技术制作类活动时应特别关注培养幼儿的创新意识,对他们异想天开的想法给予积极评价,并鼓励他们勇于尝试,找出各种办法和途径把想法变成现实。

3. 技术制作类活动有助于培养幼儿的观察力和思维能力

敏锐的观察力是发现问题的关键,幼儿具有较强的接触事物、探究事物的本能与需要。在技术制作类活动中,幼儿会以轻松的、专注的状态去感受和接触各种材料和工具,对这些材料和工具的外形、用途、材质、性能都会产生直接、感性的认识和了解,并学习使用各种材料和工具。幼儿会观察自己的制作和同伴的制作,当制作遇到困难时会主动观察思考为什么会这样。技术制作类活动涉及具体的操作过程和对细节的把握,能促使幼儿发现问题、分析问题及手脑并用解决问题,培养幼儿认真、耐心、细致的做事态度和对任务的协调能力。

4. 技术制作类活动有助于培养幼儿的想象力和专注能力

学前期是想象力最活跃的时期,幼儿的一切创新活动都是从想象活动起步的,没有想象力就意味着创造力的贫乏。在技术制作类活动中,幼儿需要在操作中组合、调整、实验各种物品、工具,并对操作活动预设,他们必须运用想象力,通过猜测思考实验来验证自己的想象。充满趣味性的技术制作类活动能激起幼儿对知识的兴趣,幼儿在操作和思考时会专注于作品的完成而进入一种积极探索和操作的状态,从而使专注能力得到发展。

5. 技术制作类活动有助于培养幼儿学习的主动性和敢于探索的勇气

幼儿的主动性是指幼儿所具有的对未知事物主动探索的愿望和能力。技术制作类活动能为幼儿提供丰富的可以引发思考的操作材料,使幼儿能较快进入主动学习的过程,使他们从自己的需要和目的出发,自主地观察、思考、操作,逐渐提高主动探索未知领域、自觉运用知识解决实际问题的能力。

幼儿由于缺乏知识和经验往往对陌生和未知的事物怀有畏惧感,从而抑制了他们行动的主动性和探索未知的勇气,在技术制作类活动中可能会面临许多未曾经历过的困难和问题,在同伴的榜样作用和老师的帮助下,幼儿通过大胆尝试解决这些困难和问题,从中体验到成功的喜悦。

6. 技术制作类活动有助于培养幼儿的自信心和独立自主的性格

许多幼儿由于受知识、经验的限制,易在日常活动中遭受挫折,失去自信,而在技术制作类活动中,幼儿通过自己的努力完成一件件小作品,同时在制作过程和结果中获得成就感,树立起自信心。

独立性对幼儿的发展至关重要,在技术制作类活动中,幼儿通过独立思考、自己动手,增强了独立思考和独立解决问题的能力。

7. 技术制作类活动有助于培养幼儿的合作能力

在技术制作类活动中,常有一些小制作需要幼儿之间的相互合作完成,通过教师的指导,幼儿在多层次、多角度、多结构的交际网络中形成良好的合作模式,从小养成合作的习惯,合作能力也在不断增强。

二、技术制作类科学教育活动的设计与指导要点

(一) 技术制作类科学教育活动的设计

1. 技术制作类科学教育活动的目标设计

技术制作类科学教育活动所涉及的最重要的教学目标主要有以下两方面。

(1) 技术操作能力

技术操作能力是指幼儿运用工具或材料,对客观对象或材料进行加工或制作的能力。

(2) 技术设计能力

技术设计能力是指幼儿按照自己的设想确定制作内容、收集材料与实际制作、探究的能力。

技术操作能力和技术设计能力目标下的具体目标如表 5-2 所示。

表 5-2 技术制作类科学活动目标的设计

目标类型	教学目标	适用年龄段	举例
技术操作能力	掌握简单工具的使用方法	小班及以上	学习用推、按、拧等不同的方法开手电筒(小班"让手电筒亮起来")
	能按步骤进行操作或制作	中班及以上	通过操作,了解汽水的制作程序(中班"自制汽水")
技术设计能力	设计与制作简单的物品	中班及以上	学习选择合适的材料制作万花筒(大班"万花筒")
	设计并改良简单的物品	大班及以上	在制作中发现橡皮筋小船的前进规律,并能调节前进方向(大班"橡皮筋小船")

2. 技术制作类科学教育活动的过程设计

技术制作类活动可以具体地划分为使用科技产品或工具的活动、科技制作活动

两种类型。这两种活动的设计思路也有所不同。

（1）使用科技产品或工具的活动过程

开展这类活动的主要目的是引导幼儿学习现代科技产品的操作方法或日常生活用品、常见工具的使用方法。使用科技产品或工具的活动设计通常包括以下几个过程：

第一，观察。引导幼儿先观察操作对象的外形、结构，了解科技产品由哪些部分组成，猜测这些部分别有什么作用。

第二，尝试操作。鼓励幼儿摆弄操作对象，尝试运用各种方法让科技产品运作起来。在这一过程中，应允许幼儿不断试误，并在试误中逐渐了解和发现科技产品的一些基本特性。

第三，交流讨论。组织幼儿交流在操作中发现的问题，分享自己的发现和成功的经验。这个环节主要是引导幼儿共享经验，学会借鉴他人成功的经验，并对自己存在的问题进行反思。教师可作引导性提问，如"你们的做法有什么不一样？""你要怎样做才可以？""你能向大家介绍一下你的经验吗？"

第四，再次操作。在进行正确的引导后，鼓励幼儿在前次操作的基础上总结，提出再次操作的策略，并再次尝试。有了试误与原因分析，幼儿找到了解决问题的办法，再次尝试往往能够获得成功。

（2）科技制作活动过程

开展科技制作活动的主要目的是使幼儿通过科技制作活动进一步发现科学现象，体验其中蕴含的科学原理，掌握科技制作的技巧。科技制作活动的设计通常包括以下几个过程：

第一，演示。教师讲解示范操作的步骤与过程，强调需要注意的事项，重点讲解和演示操作中的难点部分，可以根据需要采用分步骤讲解或完整演示等不同方法进行。

第二，操作。教师演示操作，幼儿根据自己的理解进行实践操作，并在操作中发现问题、提出问题，掌握制作的技巧。当幼儿在操作中出现问题时，教师要及时给予个别指导，对于共性的问题可以再次进行集体演示讲解。

第三，交流讨论。幼儿相互交流制作经验以及过程中出现的问题，向教师或同伴求助，寻找解决问题的方法。

第四，展示分享。提供平台让幼儿展示自己的成果，以便让更多的人分享幼儿成功的喜悦，进一步激发幼儿对科技制作活动的兴趣。

（二）技术制作类科学教育活动的指导要点

教师在组织与实施技术制作类科学活动时，应注意以下几个问题。

1. 提供适当的制作材料

这里的材料既指制作的原材料，又指在制作中必需的或可能需要的工具，提供材料时应考虑以下几点。

（1）提供的材料必须安全、卫生

制作活动相对比较复杂，需要的材料较多，有时还需要进行些剪切类操作，因此教师必须考虑材料的安全性,尽量避免提供尖锐、锋利的材料。而对一些工具的使用,教师也应该讲解正确的使用方法,以免幼儿因使用不当而受到伤害。幼儿的技术制作活动往往贴近生活,从生活中取材,所以常常会利用一些废旧物品进行制作活动,教师应该注意将这些废旧物品事先进行清洗和消毒,以免因材料污染而对幼儿造成不必要的危害。

(2) 应尽量提供半成品材料

由于幼儿的动手能力相对较弱,一般来说,他们还不具备独立完成一个制作任务的能力,需要教师通过材料提供支架,给予支持。为幼儿提供半成品的操作材料,巧妙地规避一些超越幼儿能力范围的制作环节,帮助幼儿完成制作,使其体验成功的快乐。

例如,在制作"会游泳的小木棍"时,需要用小刀将小木棍从一端的中间劈开至总长度的四分之一,再用劈开的小木棍夹住一小块肥皂。劈开小木棍对幼儿而言有些难度,而且比较危险,因此,教师可以先将小木棍劈开,方便幼儿操作。

(3) 提供的材料应丰富,让幼儿有选择的空间

技术制作类科学教育活动虽然不同于实验探究活动,但其本质都是鼓励幼儿在探究中学习。因此,教师要为幼儿提供探究的空间和机会。在技术制作类科学活动中,教师应为幼儿提供丰富的材料,让幼儿有选择的空间和余地,有试误的机会。有些材料看似没用,但往往能激发幼儿的创造力。

2. 要让幼儿有目的地制作,并学会评价

技术制作类科学教育活动往往会有一个具体的产品或结果呈现,因此,教师应让幼儿有目的地探究、制作,也就是说,要让幼儿在制作前就明确地知道自己要做什么、应该怎么做。教师可以为幼儿的制作提供示范、指导和帮助,但制作必须由幼儿亲自操作完成,教师和家长不能包办替代。此外,还应指导幼儿根据一定的标准评价自己的作品或操作过程,并尽可能使自己的制作接近标准。

3. 鼓励幼儿探索自己的制作方法和技巧

因为技术制作类科学教育活动涉及一些技能性或程序性的内容,所以,教师可以通过示范讲解帮助幼儿理解,但不能将这种技能技巧以灌输的方式强加给幼儿,要让幼儿在自身的实践中去理解、接受和领悟,在反复的操作和试误中自主探索、总结经验,从而掌握技能技巧,获得经验提升。

例如,在区域活动"倒立的小人"中,教师一开始提供了用硬纸板制作好的倒立的小人作为范例,幼儿看到范例后,也尝试将小人倒放,却总是失败。通过反复操作,幼儿发现范例倒立的小人的两只手上放了相同数量的硬币。于是,他们利用硬币、积木等材料,反复进行实验操作,最终使小人能倒立,并得出结论:想要让小人倒立,要在它的手上加一定的重量,并且使小人保持平衡。之后,教师将制作好的小人撤走,让幼儿尝试自己制作倒立的小人。幼儿在纸板上绘制小人并用剪刀剪下来,但由于手绘小人两边不对称,小人在倒立时遇到了困难。于是幼儿开始思考如何制作出两边对称的小人,他们想到对折剪的方法。虽然教师没有具体讲解如何让小人倒立、如何

制作倒立的小人,但幼儿通过自己的观察、操作、反思、修正,掌握了其中的原理,最终获得了成功。他们不仅制作出倒立的小人,还制作出倒立的小动物,让薄的雪糕棍竖立在小人的手上等。

三、技术制作类科学教育活动的案例

(一) 集体科学教育活动案例

活动案例1:倒立的秘密①(大班)

活动目标:

1. 在操作实践中发现小丑在倒立时需要一定的重量,需要保持平衡。
2. 通过大胆猜测、动手操作,发现小丑倒立与辅助物的重量、位置之间的关系。
3. 乐于探索更多能让小丑倒立的材料,参与探索活动。

活动准备:

物质准备:倒立的小丑范例和小丑的图片,小丑底板、底座、回形针、塑料夹、硬币、雪花片、笔、记录单人手1份。

经验准备:知道什么是倒立。

活动过程:

1. 观看表演,激发兴趣

(1) 教师出示小丑图片,引发幼儿讨论。

教师:小朋友们,这是谁呀?(小丑)小丑会哪些表演呢?

(2) 教师操作"会倒立的小丑",引发幼儿的探究兴趣。

教师:我的小丑在表演什么?

(此环节让幼儿充分观察小丑是用哪个部位倒立的,为接下来的实验做铺垫)

(3) 幼儿自由操作"会倒立的小丑"。

教师:在你们的桌子上有一个小丑,请小朋友们去试一试,看看你的小丑能不能倒立。

教师:你的小丑成功倒立了吗?

(此环节是为了充分调动幼儿的好奇心和积极性,让幼儿有初步的探索欲望)

2. 幼儿初次尝试,感知小丑倒立要保持左右平衡

(1) 幼儿操作,教师指导。

教师:谁来掂一掂我的小丑和你们的小丑有什么不同?

教师:我有一个秘密武器——硬币。我也给你们准备了硬币,请你们试试看,将硬币粘在小丑的什么部位,小丑就能倒立起来。

(2) 幼儿共同讨论,了解小丑倒立时要保持平衡。

教师:刚刚你的小丑倒立成功了吗?你贴在哪个部位小丑倒立没有成功?

---

① 活动设计者:孟晗,南京市建邺区实验幼儿园

(此环节让幼儿充分探索,幼儿之间可以互相分享自己的经验,操作失败的幼儿可以思考失败理由)

教师:刚刚你把硬币贴在哪里小丑就倒立成功了?贴了几个?怎么贴的?为什么这么贴?

(此环节是让幼儿通过与之前失败的经历对比,积极思考,知道需要在小丑的双手各贴上一枚硬币才能让小丑倒立,知道在双手贴上硬币是为了让小丑有向下的力量,一边一枚是为了保持平衡)

小结:贴硬币是为了让小丑有向下的力量,一边一枚硬币是为了让小丑保持平衡。

3. 丰富材料,引导幼儿感知小丑倒立的条件是有一定的重量

(1) 鼓励幼儿猜想实验,引发其思考。

教师出示塑料夹、回形针、雪花片。

教师:今天老师还给你们提供了塑料夹、回形针、雪花片三种材料。它们能不能让小丑倒立呢?请你把你的猜想记录在这里,然后去做实验,把你的实验结果记录下来。如果你还有新的玩法,请你把它记在空白的地方。

(2) 幼儿操作,记录结果。

(此环节中幼儿通过实验发现塑料夹、回形针和雪花片不能让小丑倒立,同时感受物品重量对小丑倒立的影响。幼儿还积极思考怎样用塑料夹、回形针和雪花片让小丑倒立,感受平衡与重量对小丑倒立的影响。)

(3) 幼儿总结交流,知道有重量的物品才能使小丑倒立。

教师:谁来介绍一下你的实验结果?

小结:原来,想要让小丑倒立,还要有一定的重量才行。

活动延伸:

鼓励幼儿探索更多能让小丑倒立的材料。

活动案例2:工具用处大[①](大班)

活动目标:

1. 了解生活中常见的一些工具,体验、比较、感知工具给人们的生活带来的方便。

2. 能够正确地选择和使用常见的工具,且运用时注意安全。

3. 养成实验后记录的习惯,乐于将记录的内容表达出来。

活动准备:

镊子、起子、钳子、小刀等多种常见工具,装有许多棉花的药物瓶子(幼儿用手不容易拿出需要用镊子),装有许多绿豆的盆(需要装进饮料瓶子里),螺丝全拆下来的小闹钟,混在一起的黄豆和绿豆。

---

① 教育部教育管理信息中心组.全国优秀幼儿科学教育活动课例评析[M].重庆:西南师范大学出版社,2011:174.

活动过程：

1. 教师提出问题，导入活动，引导幼儿初步感知工具的作用。

教师：今天老师很高兴和你们一起参加这个活动，我带来了一大箱的东西，要请你们帮忙。

教师出示箱子，箱子被胶布粘得很严实。

教师请幼儿徒手帮忙打开箱子，在幼儿失败后请他们帮忙想办法，引导幼儿产生使用工具的意识，并得出结论："我们费了好大的劲儿都没能打开的箱子，可用小刀这样的工具一下子就打开了！"

2. 幼儿进行操作活动，教师引导幼儿寻找方便操作的方法，发现需要工具的帮助。

（1）教师出示材料，请幼儿帮自己解决问题。

教师：我们来看看箱子里有什么？

激发幼儿的尝试欲望，你们愿意帮助我吗？那请你们小组商量一下，选择要帮我完成哪一件事情。

（2）幼儿在音乐下徒手操作。

教师：选好了吗？等会儿我给你们3分钟的时间试试，看谁能又快又好地完成工作，你们可以吗？那开始吧！

（3）讨论活动的情况。

3分钟时间到，教师请幼儿回到座位上，幼儿基本上都没有完成活动，于是，教师请幼儿集体讨论活动的情况。教师分析没完成的原因，让幼儿思考用其他方法完成工作。

教师（故作悬念）：哦，我忘记了我今天还带来了一些工具，不知道能不能帮上你们。

3. 认识、使用工具

（1）教师出示工具，引导幼儿简单认识并了解工具。

（2）让幼儿自己选择工具再次在3分钟内操作，提醒幼儿注意安全，请幼儿将成功解决问题的结果记录下来。

（3）幼儿尝试使用工具，体验工具的作用，教师参与、鼓励、支持幼儿大胆尝试、操作。

4. 幼儿交流和展示操作方法

各小组简单、清楚地介绍记录的结果，并将成功的操作方法展示给大家。

分析：交流中教师可通过教师评、幼儿互评、幼儿自评等多种方式肯定幼儿努力工作的成果。

5. 小结拓展、提升经验，激发幼儿热爱科学的情感

（1）请幼儿讨论：刚才我们在相同的时间里做了相同的事情，你认为哪次完成得又快又好，为什么？（第二次更好，因为有了工具帮忙。）

（2）启发幼儿想想在平时的生活中还看到、用到过哪些工具，并让他们充分感受工具用处大这一特点。

6. 观看多媒体短片,激发幼儿的探索欲望,拓展幼儿的想象空间

(短片内容:最新研究发明的一个助老机器人轮椅,可以帮助老人按路线自动行走。)

总结:现代的高科技工具使我们的生活更方便,更美好。

活动拓展:可以让幼儿帮忙整理摆放使用过的的物品。

(二) 区域科学教育活动案例

活动案例1:小小发电员(小班)

活动目标:通过摇动发电机使小灯泡亮起来的操作,初步体验电流的产生以及将机械能转化为电能的过程。

活动准备:一个适合幼儿操作的手摇发电机。

活动过程:

1. 自由地摆弄玩具,探索怎么使灯泡亮起来。
2. 尝试改变摇动的速度观察灯泡的亮度是否发生变化。

教师指导:引导幼儿思考电筒亮起来的原因与灯泡亮度发生变化的原因。

活动案例2:组装小能手(中班、大班)

活动目标:通过安装手电筒、电池的探索性操作,认识电池的正负极,初步认知闭合电路,掌握电池安装的一般方法。

活动准备:一个手电筒、两节电池。

活动过程：

1. 拆卸手电筒及电池。

2. 观察电池，尝试找出电池的秘密(电池两头的形态特征以及"+""—"标志的意义)。

3. 自行组装电池，使得手电筒再次亮起来，能用自己的语言表达出让手电筒亮起来的电池安装方法，尝试用自己的方式进行记录。

教师指导：

1. 引导幼儿观察电池的特征，鼓励幼儿制作自己的观察记录表。

2. 启发幼儿思考"为什么电池一定要这样安装，小灯泡才能亮起来?"

活动案例3：传声筒(中班、大班)

活动目标：幼儿通过使用传声筒交谈，体验并发现声音在气体、固体中传播速度和效果的不同。

活动准备：8个听筒、12个电话转接管、12根1 100毫米×25毫米的传声管、3根3 165毫米×25毫米的传声管。

活动过程：

1. 两名幼儿结伴游戏，在传声管的两端接上听筒后交谈。

2. 多名幼儿共同游戏，每个幼儿选择一根传声管并接上听筒，然后利用电话转接管将传声管连接起来，共同交谈。

教师指导：引导幼儿发现通过传声筒交谈和直接交谈之间的区别。

课后思考题

1. 不同类型学前儿童科学教育活动的设计与指导要点是什么？

2. 在见习、实习中，收集学前儿童科学教育活动案例，并以小组的形式进行分析评价。

3. 以"有趣的磁铁"为主题，设计小班、中班、大班的科学教育活动方案。

第六章　学前儿童区域科学教育活动与活动指导

1. 了解区域科学教育活动的价值及特点。
2. 掌握创设班级科学活动区域、园区科学活动区域的要求和方法。
3. 具备设计与指导各类区域科学教育活动的能力。

情境导入

园里的各班级都创设了自然角，很多幼儿每天都会来这里观察。一天，杰杰说："老师，小蝌蚪为什么头很大，尾巴很细？"教师发现其他幼儿对这个问题也很感兴趣，于是教师鼓励他们互相交流自己的想法。萌萌说："小蝌蚪一出生就是大头的。"斯斯说："因为头上有眼睛、嘴巴，所以头就大。"睿睿说："我知道，因为小蝌蚪要变成青蛙，它的四条腿都要从头里面长出来。"……教师记录下幼儿的交流内容并进行了展示。随后，幼儿继续探究小蝌蚪的其他秘密，形成了与自然角相呼应的"蝌蚪来了"的主题版块。通过探索活动，幼儿对小蝌蚪的"秘密"更加有兴趣了，也有更多的幼儿被吸引过来。他们主动找到放大镜来观察小蝌蚪的变化，探索"小蝌蚪吃什么"，还找到了相关书籍放在自然角。浓郁的探究氛围，吸引了其他班的幼儿也参与其中，很多班级的自然角都多了几条小蝌蚪。幼儿对更多的问题相继展开了探索。

从案例中不难看出，简单的自然角环境创设，让幼儿有了与身边的科学"对话"的空间，顺理成章地引发了后面一系列的科学探究活动。《幼儿园教育指导纲要（试行）》指出："环境是重要的教育资源，应通过环境的创设和利用，有效地促进幼儿的发展。""幼儿园应为幼儿提供健康、丰富的生活和活动环境，满足他们多方面发展的需要，使他们在快乐的童年生活中获得有益于身心发展的经验。"良好的环境能激发幼儿内在的创造冲动和活动欲望，促使幼儿在生动活泼的活动中得到发展。因此，在幼儿园环境创设中，还可以创设很多类似的区域，如玩沙池、光电区角、滚动区角等。教师有目的的科学区域环境创设会引发幼儿强烈的探究欲望与热情。

第一节 学前儿童区域科学教育活动概述

区域科学教育活动是学前儿童科学教育的重要组织形式,由于其特有的价值,已成为学前儿童科学教育中不可缺少的一部分。区域科学教育活动为幼儿自发学习提供了主动探究的条件,幼儿在区域科学教育活动中可以按照自己的兴趣及需要自由选择、主动学习。因此,区域科学教育活动在学前儿童科学教育中的作用越来越受到重视。

一、区域科学教育活动的内涵

区域活动,是指在一定的时间内,设置各种活动区,如利用活动室、走廊、门厅及室外场地,提供并投放相应的设施和材料,让幼儿按自己的兴趣和意愿选择活动内容和方式。

区域科学教育活动是指在自然角、科学区(角)中组织的科学教育活动。在区域科学教育活动中,教师为幼儿提供充分的用品材料,幼儿按照自己的想法,采用各种方法去发现、探究。

二、区域科学教育活动的特点

区域科学教育活动作为学前儿童科学教育的一种特有的形式,具有以下特点。

1. 幼儿是自主探究的主体

在区域科学教育活动中,幼儿能按照自己不同的兴趣爱好自由地选择操作材料,自由地在操作中探究、发现,寻求答案,幼儿是自主探究的主体。他们在不断探究中获取知识、提升能力。如在"物体的沉浮""认识磁铁"等活动中,幼儿自由选择不同材料进行操作,使科学区真正成为自由活动的小天地。

2. 教师是间接的指导者

区域科学教育活动既要保证幼儿的活动主体性,让幼儿按自己的意愿充分发挥积极性和创造性,又要有一定的目标。教师不能因幼儿主体而对幼儿放任自流,对幼儿的表现不管不问,而应当为幼儿提供恰当的材料,创设支持性的环境,并在观察幼儿活动的基础上给予一定的帮助,进行适度的提问和指导。所以,在区域科学教育活动中,教师应成为材料的提供者、活动的观察者和间接的指导者。教师的指导表现为隐性的指导,即基本上不干预幼儿的操作,只有在幼儿到困难或问题时给予幼儿一定的启发与帮助。

3. 弥补集体教育活动的不足

在有限的十几分钟的集体教育活动中,幼儿获得的知识与经验是有限的,所以可以将集体教育活动的内容延伸到区域科学教育活动中,幼儿以自身经验和能力水平以及对集体教育活动中知识经验的理解接受程度为基础,继续进行自主探究。在集体教育活动中,教师很难让每个幼儿的能力水平都得到充分发挥,但是区域科学教育活动就能较好地实现这一目标。因此区域科学教育活动既可以作为集体教育活动的延伸补充,又可以弥补集体教育活动的不足,使幼儿更加深入理解和探究科学知识,而且还能更大程度地发挥自己的潜能。

三、区域科学教育活动的价值

区域科学教育活动对幼儿的发展具有独特的价值,主要表现在以下四个方面:

1. 有利于培养幼儿探究科学的兴趣

幼儿在学习科学的过程中具有好奇、好活动、好探究等特点,而区域科学教育活动这一形式正符合幼儿的学习特点。在区域科学教育活动中,幼儿可以自由地选择教师为其提供的各种材料,按照自己的想法进行探究,区域科学教育活动可极大地激发他们的探究欲望,满他们的好奇心。当幼儿为花草浇水,替小动物添加饲料时,他们会自然地亲近动植物,喜爱这些生命;当幼儿看到新奇的事物、现象时,会自然地去感受它们的神奇,去关注事物的联系、发展与变化,进一步去思考原因,去大胆探索事物发生的变化。他们在看、听、摸等的操作和尝试中了解大自然,开阔眼界,发展观察能力、思维能力、操作能力和创造能力,激发求知欲和探究精神,产生对科学的兴趣。

2. 有利于幼儿自主探究能力的发展

区域科学教育活动中,教师给幼儿较大的自由度,幼儿可以从自己的兴趣和需要出发,自主选择探究的内容和方式,真正成为探究的主人。在区域科学教育活动中,幼儿学习的自主性、积极性得到了充分体现,每个幼儿都会情不自禁地投入,他们尽情地玩水、玩颜料、玩磁铁等。他们会在活动中提出许多问题,比如,磁铁为什么不能吸纸?小鱼为什么不能离开水?幼儿在区域科学教育活动中能尽情地探究、讨论,提出自己的观点、看法。通过区域科学教育活动,幼儿自主探究能力得以提升。

3. 有利于幼儿科学经验和知识的获得

在区域科学教育活动中,教师为幼儿准备了丰富的材料,提供了合理的空间、充足的时间,这为幼儿的感知、操作、探究活动创造了条件。在区域科学教育活动中,幼儿表现非常活跃,他们看见什么都想去试一试、操作一下、摆弄一下,所以能获得一些直接的经验。例如,为幼儿提供废旧物(雪碧瓶)做的一个玩具娃娃头型,用塑料包装绳做成头发,插在雪碧瓶上,幼儿就会用梳子去梳"头发",经过反复梳理后,用梳子吸引"头发","头发"会飞起来,用双手上下摩擦瓶子,"头发"也会飞起来。通过这些操作,幼儿了解了物品摩擦可以产生静电。在区域科学教育活动中,幼儿运用多种感官,感知、发现有趣的自然现象,通过操作探究获得直接的科学经验和知识。

4. 有利于满足幼儿个性化的发展需求

每个幼儿的知识基础、能力水平、学习方法,以及对待事物的态度、情感都不相同,幼儿之间存在着个体差异,每个幼儿都有最适合自己的学习方式。如前所述,区域科学教育活动中,有不同层次的材料,幼儿可以选择适合自己的活动内容和探究方式,这有利于促进幼儿个性的充分发展,使每个幼儿在原有基础上得到不同程度的发展。如在玩"称一称"的玩具时,教师可以投放天平、电子秤、杆秤,以及用于称量的物体如黄豆、玩具、珠子等不同层次的材料,教师可引导幼儿自由选择称量工具和物体进行称量活动,以满足不同能力、兴趣和水平的幼儿的需要。

四、区域科学教育活动的类型

根据活动的内容和方式,可以把幼儿园内的区域科学教育活动划分为两种类型:一种是班级科学区域活动,即以班级为单位设立的活动区(角)活动,一般包括自然角活动、科学区(角)活动;另一种是园区科学区域活动,即全园共享性的场所活动,包括科学发现室活动、种植园地活动、饲养角活动、科学墙与科学长廊活动。为幼儿选择区域科学教育活动的内容时要注意与科学教育活动的总体计划保持一致,并注意与其他教育活动密切配合,要考虑到幼儿的年龄特点,同时体现出地方性、季节性等特征。在具体区域设置上,如教室空间较大,一般可分为两个区域——自然角和科学区(角),如条件不允许,也可将自然角和科学区(角)合二为一;园内的种植园地可根据幼儿园的场地大小而定,如幼儿园的场地有限,也可选择在边角地开辟园地,或利用木箱、瓦盆、塑料筐等容器装上泥土在阳台、廊檐、墙脚开展种植活动。

第二节 班级区域科学教育活动与活动指导

一、自然角活动

自然角是大自然的缩影,是一种重要的环境教育资源。通过自然角环境创设和自然角活动,教师可以有效引导幼儿获取生命科学知识,培养幼儿热爱生命、热爱自然的良好情感。

(一)自然角的内涵

所谓自然角,就是指在幼儿园的教室内、廊檐的角落,供饲养小动物、栽培植物、陈列幼儿收集的生物样本的场所或场地。自然角一般设置在室内阳光充足的地方,可以是室内的一角、阳台、窗台等。自然角常饲养一些可在室内生活的动物,如乌龟、蝌蚪等;或种植一些适宜在室内生长的植物,如常见的盆栽植物、水养植物;也可放置一些非生物,如树叶、石头、贝壳等。

(二)自然角的设计

自然角的设计要考虑内容的丰富性,符合幼儿的认知水平,激发幼儿的兴趣,要遵循季节变化的规律,同时还要与教育活动相配合。在创设自然角的时候,教师应征求和听取幼儿的意见和建议,充分考虑幼儿的兴趣、爱好和意愿。

1. 自然角的环境创设

自然角应在室内阳光充足的地方,自然角创设的内容应丰富多样,一般可以创设以下内容:

(1) 小动物

自然角饲养的小动物主要是作为幼儿观察的对象,通过活动培养幼儿观察的习惯,并使其学会简单的观察技能。因此,自然角的动物应选择形体较小、无危险、便于喂养、管理方便、幼儿感兴趣的种类,最好随季节变化经常更换种类,使幼儿能接触更多的小动物。活动过程中,教师鼓励幼儿参与饲养照料,同时观察小动物的外形特征、成长过程、生活习性,并做好观察记录。比较适合自然角喂养的小动物有小金鱼、家蚕、蝌蚪、乌龟等。

金鱼:可选择色彩鲜艳的普通品种的金鱼,用方形或圆形(最好透明)缸饲养。操作简单,管理方便。可喂食干鱼虫,需根据季节经常换水。

家蚕:在饲养过程中可观察到家蚕变态发育的过程,是区域科学教育活动中极具价值的活动。饲养过程有趣,方法简单,幼儿易于掌握。

蝌蚪:春天,教师可在自然角投放小蝌蚪,请幼儿自主进行观察,教师可指导幼儿在观察中做好记录。通过观察,幼儿会发现小蝌蚪发育成青蛙的一系列变化,并注意到它们先长后腿后长前腿、尾巴萎缩等有趣的现象。

班级内饲养小动物的区域也被称为班级饲养角,幼儿园为满足幼儿科学学习的需求,还会在园内空地设置户外自然角用来饲养兔子、小鸡等动物。

(2) 植物

在自然角种植物,既可以美化环境、陶冶情操,也是幼儿十分喜爱的活动。自然角放置的植物以盆栽植物和水养植物为主。盆栽植物是指在泥盆或其他容器中放置泥土从而栽种的各种植物,班级自然角中可以利用废旧杯、罐、瓶等制作各种形状的花盆栽种植物,植物不宜过分高大,宜选择无毒、无刺、不会对幼儿产生不良影响,颜色鲜艳、生长快、易成活,具有较强观赏价值的常见植物。水养植物是不需要土壤,专门用水养在室内的植物,植物的一部分浸泡在水中,短时间内能生根长叶,有的还能开花。幼儿可以通过观察水养植物的种子发芽和生长的过程,满足探究兴趣。

适宜在自然角种植的盆栽植物包括:观花植物,如太阳花、矮牵牛、一串红、菊花等;观叶植物,如吊兰、文竹、宝石花、含羞草等;观果植物,如金橘、五色椒、石榴(也可观花)等;种子发芽的植物,如蚕豆、绿豆、黄豆、玉米等,它们的种子可以种在土里或水里,幼儿可通过观察与记录,了解种子发芽的过程。

适宜在自然角种植的水养植物包括:豆芽、白菜心、油菜心、芹菜、萝卜、土豆、大蒜、洋葱等。

(3) 其他物品

一个理想的自然角应是一个丰富而鲜活的微缩自然界,除以上所列有生命活动的动植物以外,还应该有以下内容。

自然物品(包括实物和标本):植物标本,如种子、果实、根、茎、叶等;动物标本,如蝌蚪、各种昆虫标本（最好由幼儿自制），一些海洋生物标本等；各种非生物标本，如各种石头标本——鹅卵石、雨花石、大理石、石灰石等；各种土壤，如红土、黄土、黑土等。

自然材料制作作品：如用秸秆、草梗编织而成的小动物及其他工艺品，用细沙粘的图画，用植物根茎、蔬菜（如萝卜、土豆、地瓜等）雕刻的工艺品等。

种植活动过程中所需的材料和工具：如喷壶、小铲、各种废旧小瓶、小盒等。

2. 自然角的活动设计

自然角不是简单的具有观赏性的摆设，而是教师进行科学教育的重要场所。摆放在自然角的任何动植物都应具有明确的观察或操作目的，自然角的创设内容应能够吸引幼儿积极主动参与自然角活动，并且符合幼儿的年龄特征和水平。一般情况下，小班的自然角内物品种类不宜过多，自然角活动以直观的观察类活动为主，如在透明的鱼缸里饲养几条颜色鲜艳的金鱼，幼儿观赏喂食；秋天在自然角种植大蒜，幼儿在教师的帮助下给大蒜浇水，观察蒜头发芽，长出绿色的叶子。到了中、大班，自然角活动可以更丰富一些，幼儿可以观察并记录一些小动物生长发育中的变化，如蚕宝宝变蚕蛾的过程、小蝌蚪变青蛙的过程；还可以进行操作性实验，如种子发芽实验（种子在不同条件下的发芽状态）、茎叶的吸水实验等。

对自然角中动植物的观察一定要坚持不懈。教师一方面要鼓励幼儿每天自发地观察自然角，让他们报告新发现、提出新问题；另一方面要引导幼儿学习将观察到的现象记录下来。当动植物发生明显变化时，教师应组织全体幼儿集体观察，如在凤仙花的果实成熟时，组织全体幼儿观察其种子是如何从果实中弹出来的。只有仔细观察，幼儿才能感受到其中的奥妙，这样才能达到创设自然角的目的。

自然角的活动还可以结合集体科学教育活动的主题进行。开展集体科学教育活动时，教师可在自然角投放相应的材料，使幼儿的探究兴趣在自然角得到进一步延伸和扩展。如在科学活动"认识乌龟"结束后，幼儿可以继续在自然角进行细致的观察。如在"美丽的秋天"主题活动中，教师可以在自然角相应地增添秋天的水果、花卉、幼儿采集的树叶等，使自然角与集体科学教育活动互为补充、互相渗透与促进。

3. 自然角的管理

自然角的创设及活动开展与季节的变化有着密切的关系。自然角的创设要与季节相匹配，反映季节的变化，不断更新内容，使自然角始终保持勃勃生机。教师应依据四季的变化制订自然角活动计划，一般上学期以秋冬季节为主，冬天因天气寒冷，自然角的活动受到一定的限制，有些活动难以开展，因此，主要活动应抓紧前半学期的时间，在气温还比较适宜的阶段开展并完成，教师和幼儿共同承担管理工作。而下学期以春季和夏季为主，春天万物复苏、生机盎然，是种植和饲养的大好时机，是一年中自然角活动内容最丰富的季节，因此，教师应带领幼儿积极开展活动。由于在此阶段动植物生长旺盛，故自然角的管理工作十分繁忙，教师除了自己直接管理外，还可以发动幼儿与家长共同参与管理，组织幼儿一起为自然角采集物品，鼓励幼儿照料和看管自然角的物品。自然角大多是有生命的动植物，因此需要周到细致的照料，教师应放手让幼儿来承担此任务,对自然角中的动植物可采用领养的方式分配到个人,每天安排值日生轮流负责管理自然角,如给金鱼换水、喂食,给植物浇水,整理自然角,并负责记录等工作。这样的管理使幼儿主动自愿地投入自然角活动中,不仅可以减轻教师的工作负担,而且较长时间与动植物的近距离接触会使幼儿对动植物产生深厚感情,有助于在幼儿与教师、同伴的共同管理中培养其合作精神,使其养成做事持之以恒、有始有终的好习惯。

(三)自然角活动的组织指导

要促使幼儿在与自然角的互动中主动学习和发展,教师就要根据幼儿的兴趣、需要来进行启发、鼓励和引导。自然角科学活动的组织指导策略如下:

(1) 自然角物品的摆放要整洁、美观、安全,各类物品应分类摆放。自然角应该创设成对幼儿有极大吸引力的活动场所,但是材料也不是越多越好,太多了往往会分散幼儿注意力,达不到预期的效果。

(2) 应引导幼儿参与布置与管理自然角。教师应将创设自然角的过程作为幼儿的学习过程,在布置自然角时,最大限度地调动幼儿的积极性,引导幼儿参与进来,并和幼儿共同商量,讨论布置什么内容,给予幼儿在创设活动中的决定权,以他们的兴趣和眼光去布置,让幼儿真正成为自然角的主人。这样布置出来的自然角既充分调动了幼儿参与的积极性,也发挥了幼儿的创造性。

(3) 指导方式要符合幼儿的年龄特点。在指导过程中,教师应该考虑不同年龄段幼儿的特点,指导策略也应有所不同。小班幼儿的认识能力有限,所以教师要组织幼儿充分运用自己的感官,感知自然角物体的外部特征。中班幼儿观察力有所提高,教师可以设计一些问题,引导幼儿有目的地观察。大班幼儿爱提问题,而且已初步具备自主探究各种现象、寻找答案的能力,所以教师应提供丰富的材料和工具,让他们自己去探究和发现。

(4) 应支持和鼓励幼儿进行探究和操作活动。教师要创造条件让幼儿参与自然角的探究活动,关注幼儿的兴趣和需求,支持和鼓励幼儿进行探究和操作活动。如教师可引导幼儿讨论问题,让他们观察黄豆是怎样发芽的,为了让幼儿验证自己的猜想,可在两个一次性的塑料杯中放入十多粒黄豆,一个杯中放少量的水,另一个杯中放半杯水,请幼儿每天认真地观察,记录种子发芽的过程。使幼儿不断地与自然角互动,在自主探究和操作中得到发展。

二、科学区(角)活动

科学区(角)活动作为一种非正规的、开放性的科学教育活动,为幼儿的感知、操作、学习提供了更广阔的天地,为学前儿童科学教育发挥重要的作用。

(一)科学区(角)的内涵

科学区(角)是指在幼儿园活动室内某一区域或角落,为幼儿提供多种材料,让幼儿进行操作、实验和探究活动的场所。它占地不大,内容丰富多样,活动开展方便灵活,是最直接的科学教育活动场所。幼儿园科学区(角)的设置简单方便,一般幼儿园都可以创设,教师可根据班级的实际情况设定,区域可大可小,内容可简可繁,但应该最大限度地发挥其教育功能。

(二) 科学区(角)的设计

科学区(角)中材料的投放至关重要,丰富的材料才可以保证幼儿活动的开展,因此,教师在科学区(角)投放材料、创设与管理方面应注意以下几点。

1. 科学区(角)材料的投放

(1) 科学区(角)投放材料的种类

科学区(角)与自然角不同,投放的材料以可操作的物质材料为主,包括操作材料、制作材料及制作工具等,一般可分为以下几类。

观察认知类:包括模型、挂图、画册及音像资料等。

科学玩具类:包括成品玩具,如电动玩具、遥控玩具,还有自制的玩具。

科学实验类:包括光学实验材料、磁性材料、力学实验材料、电学实验材料及有关空气、水的实验材料等。

制作创造类:包括一些常用的制作工具及科技制作方面的材料。

(2) 科学区(角)投放材料的要求

皮亚杰提出"幼儿的智慧源于操作",幼儿是在对材料操作、摆弄的过程中观察到科学现象中的某种关系的,是在与材料的相互作用中了解事物的特性,并建构知识经验的。所以,在创设科学区(角)时,材料的提供非常重要,投放的材料应符合以下几方面的要求。

第一,材料应有多样性。材料的设计要丰富多样,不仅数量要足够,种类也要丰富,这样幼儿才能根据自己的需要与兴趣选择材料,从而保证幼儿的自主学习。此外,幼儿不仅可以自由选择还可以在操作中按自己的意愿添加或改变材料。在"有趣的磁铁"活动中,为了引导幼儿探究磁铁的特性,教师提供了磁铁、大头针、别针、发夹、积木、硬币、钥匙、纽扣、木块等多种材料,让幼儿了解有的物体能被磁铁吸起来,如铁制品,而有的物体不能被磁铁吸起来,如纽扣、木块等。

第二,材料应有趣味性。材料是否有趣与幼儿能否主动参与操作有很大关系,科学区(角)应该提供各种能反映科学知识的,直观形象的,能激发幼儿主动探究愿望的材料。如在科学区(角)中,为了让幼儿感知空气,教师准备了塑料袋、充气玩具和水等材料,让幼儿用塑料袋或充气玩具到处抓空气,然后把有空气的塑料袋或充气玩具放入水盆中,打开袋口挤一挤,就能看见空气在水中变成了气泡,这样的材料就充满趣味性,能够引发幼儿探究的兴趣。

第三,材料应有层次性。教师应考虑到幼儿之间的能力差异,提供符合不同能力水平的幼儿需要的材料,以满足不同幼儿操作同一类型材料的需求;或根据活动的推进,提供在操作难易程度上体现出层次性的材料。如在大班"斜坡与球"的探究活动中,教师则在活动的不同阶段准备了不同层次的材料。在幼儿操作之初,教师先提供平面、斜面和小球,鼓励幼儿发现球在平面和斜面上的不同运动方式;接着提供不同长度的斜面,让幼儿操作观察;再提供不同材料的斜面,各种材料与小球之间产生的摩擦力不同,导致小球滚动的速度有快有慢,引导幼儿发现比较其中的奥秘;最后提供不同弧度的轨道,让幼儿操作、观察小球在不同弧度轨道上的滚动又会产生怎样的变化。

第四,材料应有低结构性。区域活动中材料应该蕴含探究和发现的可能性,材料应该是一定的教育目标和内容的物化,材料应能揭示有关的科学现象和事物间的关系,可引导幼儿通过观察、探究发现其中蕴含的科学内容。低结构性材料以半成品玩具为主,以不倒翁玩具为例,用鸡蛋壳、超轻黏土、乒乓球和矿泉水瓶盖等自制的不倒翁玩具比买来的、不可拆卸的不倒翁玩具更有助于幼儿的动手操作探索。评判一种科学活动材料好坏的标准,不是看它的外观,而是看它能否让幼儿通过自己的探究、操作活动获得丰富的科学经验,并有所发现。

2. 科学区(角)的创设与管理

(1) 科学区(角)的创设

科学区(角)经常会根据需要划分成不同的区域空间,便于幼儿在相对独立的空间内从事自己感兴趣的活动。科学区(角)的设置应注意如下问题。

第一,科学区(角)的设置必须适合幼儿的年龄发展特点。小班科学区(角)投放的材料以玩具类及观察类材料为主,这些材料容易引发小班幼儿的兴趣,可以培养小班幼儿的观察能力。中班的材料以观察认知类、科学玩具类、制作创造类材料为多,可以丰富幼儿的科学经验,拓展幼儿的视野。大班科学区(角)主要投放科学实验类材料,能在一定程度上促进幼儿科学探究能力的发展。

第二,科学区(角)的设置应方便幼儿开展活动。科学区(角)的活动是非正规的科学活动,幼儿随时可到科学区(角)开展活动,因此,教师应该敏锐地捕捉幼儿生活中的科学教育素材,并将其转化为科学区(角)活动的内容。多样化的材料应分类放在开放的桌上或较矮木柜的格子里,或者用透明的容器分类摆放。摆放高度要适合幼儿拿取,便于幼儿选择和操作,同时,要用文字或图案来表示物品摆放的位置,可以帮助幼儿轻松顺利地取放材料。

第三,科学区(角)的设置要配合集体教育活动的开展。将科学区(角)的活动与集体科学教育活动相结合,是当前幼儿园中普遍采用的方式。教师应配合集体科学教育活动,围绕集体科学教育活动主题,在集体科学教育活动以外的时间让幼儿在科学区(角)摆弄、操作材料,以满足幼儿的探究欲望。根据教学需要,可以由教师组织幼儿集体在科学区(角)活动,也可以由幼儿自由组合、选择不同的活动。在集体科学教育活动结束后,活动材料也自然地延伸到科学区(角)之中,丰富区域活动的内容。科学区(角)的活动形式更灵活,幼儿有更多的自主性,对于改变传统集体教育活动中整齐划一的模式有着积极的意义。对于年龄较小的,还不能适应集体科学教育活动的幼儿来说,这种形式会更适合他们的需要。

(2) 科学区(角)的管理

第一,鼓励幼儿参与科学区(角)的布置和管理工作。教师在管理中应鼓励幼儿参与科学区(角)的各项工作,发挥幼儿参与的积极性,每天由不同的幼儿负责摆放和整理,培养幼儿的责任感。教师应随时倾听幼儿的要求,根据幼儿的需求及时调整活动内容,以满足幼儿的探究欲望。

第二,保证材料的安全性和可操作性。科学区(角)投放的材料应考虑安全性,应选择无毒、无味、无害的制作材料。如科学区(角)提供的各种镜子要轻巧安全,边缘要光滑。收集来的瓶、盒、罐等废旧材料,在作为材料投放之前应进行清洗消毒,以保证幼儿使用安全。凡是投放到科学区(角)的材料,教师都应该进行严格的检查,不合格的要进行更换或加工。如制作类材料,教师应在投放前自己先试做,以了解难易程度,及时发现问题并找到解决办法,以便在幼儿制作过程中能够更有效地指导。

第三,拓展科学区(角)的活动功能。科学区(角)作为幼儿园教室的一个区域,为幼儿开展科技活动提供了场地和材料。随着学前儿童教育活动的不断发展,幼儿园的活动内容越来越丰富,活动方法越来越多样。科学区(角)不仅有以上介绍的功能,还可以作为幼儿作品展示与交流的中心。如结合主题教育活动,幼儿将收集到的物品展示在科学区(角),这些作品凝聚着幼儿的心血,他们会感到高兴和自信,作品的展示也可起到互相交流、互相促进、共同提高的作用。

(三) 科学区(角)活动的组织指导

科学区(角)活动的指导不同于集体科学教育活动,更多体现为个别指导,科学区(角)活动的组织指导应注意以下几点要求。

1. 重探究过程

学前儿童科学教育观强调要尊重幼儿的兴趣、需要,遵循幼儿的年龄发展特点,更注重科学情感态度的培养、科学探究方法的获得,而这些目标只有在探究过程中才能够得到体现。所以,科学区(角)应注重幼儿的探究过程,使幼儿在探究过程中体验各种科学现象,不断发现科学的奥秘,而不是刻意强求某一知识技能的掌握,忽略了幼儿探究的过程。教师要放手让幼儿自主地选择材料,主动地探究,激励幼儿在活动中发现问题、解决问题。让幼儿在丰富的环境中,按照自己的想法和意愿,自我尝试、探究,形成对未知事物的积极态度,获得探求知识和解决问题的方法和能力。幼儿通过动手操作,体验成功的喜悦,促进自主学习,培养探究科学的兴趣,调动学习科学的积极性,培养自信心,发展良好的个性,为后续学习和终身发展打下基础。

2. 重自主探究

科学区(角)的指导与集体科学教育活动的指导有很大的差别。科学区(角)应重视幼儿的自主探究和学习,但在探究过程中仍需要教师的隐性指导。这种指导更要关注不同幼儿的需要,教师要思考应给予不同幼儿哪些及时和必要的帮助,预设的材料是否引起幼儿的兴趣,难易是否合适。通过观察,判断幼儿的需要和已经达到的水平,并进行适度的指导。适度就是适时地给予幼儿适当的启发、引导、暗示、激励,尽量让幼儿自己去发现,去探究。教师的指导行为可以是隐性示范、提问指导、参与活动等。

3. 重氛围营造

安全的心理环境是幼儿主动进行科学探究活动的重要前提,所以营造一种宽松和谐、支持性的心理氛围更为重要。宽松和谐的环境能使幼儿集中精力去尝试和探究。教师要为幼儿的探究活动创设宽松自由的心理氛围,让每个幼儿都主动参与尝试,鼓励他们大胆发表不同的想法。教师要学会倾听幼儿的想法,接纳和听取幼儿的解释,宽容和接纳幼儿的错误与过失,尽量少限制幼儿,给予幼儿充分的自由。

第三节 园区区域科学教育活动与活动指导

班级科学活动区域由于受到场地限制,远远不能满足幼儿的求知欲和探究欲望,无法使更多的幼儿同时参与到区角探究活动中。因此,幼儿园可建立科学发现室,为幼儿提供更大的进行科学活动的场所;还可在园内空闲的地方开辟种植、饲养的场所,供幼儿开展户外科学活动。

一、科学发现室活动

科学发现室活动是幼儿园课程的有机组成部分,是班级区域科学活动与主题科学活动的延伸。幼儿可在科学发现室活动中获得更多自主选择材料、探究和操作的机会。

(一)科学发现室的内涵

科学发现室倡导发现精神,其目的并非只是建造和形成一个特定的发现空间,更重要的是为了培养幼儿探索与发现的精神。所有能激发幼儿科学探索与发现精神的空间材料和活动形式均与科学发现室具有同样的价值。因此,是否要建造以及建造什么规格的科学发现室取决于幼儿园的具体情况。对于那些暂时不具备条件的幼儿园,只要能充分挖掘和利用幼儿园现有的资源,注重激发与培养幼儿的科学探索与发现精神,也能弥补科学发现室的缺失,甚至可能取得比科学发现室更好的效果。总之,科学发现室的建造不能拘泥于形式,而是要注重把握其激发与培养幼儿科学探索与发现精神这一实质。

(二)科学发现室的设计

1. 科学发现室材料的投放

科学发现室材料的投放与班级科学区(角)一样,要保证材料的多样性、趣味性、层次性和低结构性,但是由于科学发现室面向的是全园各年龄班幼儿,幼儿的年龄特点不同,理解水平、动手能力不尽相同,在投放材料时,尤其要注意材料的层次性和多样化。所投放材料应由浅入深,由易到难,适合幼儿不同的发展水平,如在"有趣的磁铁"活动中，教师为幼儿准备了磁铁、各种铁制品、铝制品、铜制品、木制品、玻璃制品、塑料制品、制作磁铁小车的材料、磁铁展示板。小班的幼儿可以知道磁铁只能吸附铁制品，其他制品的东西不能被磁铁吸附。而中大班的幼儿，通过探究，能用磁铁同性相斥异性相吸的原理，制作出磁铁小车；通过磁铁展示板，能观察到磁铁隔物吸附的现象材料结构简单，容易操作。

投放的材料种类应丰富多样，数量要充足，可以给幼儿提供更多的选择机会，保证每个幼儿都有足够的操作材料。同一种材料尽可能提供多个，可以有效地减少幼儿"无所事事"及相互争执等。在具体创设科学发现室环境时，可投放供幼儿探究的材料（如光学材料、磁性材料、电学材料、声学材料、力学材料、玩水材料等），供幼儿进行科技小制作等操作活动的材料（如测量工具、废旧物品、剪刀、纸、胶水等），供幼儿进行感知的材料（触摸板、嗅觉瓶、味觉瓶等），等等。此外，还可开一个科学图书角供幼儿阅读，尤其是要提供一些科学工具书供幼儿随时查阅。

2. 科学发现室的空间设置

在充分利用科学发现室的室内空间的同时，也要注意挖掘和利用室外空间，如可能会干扰他人的活动材料可以考虑摆放在门边，或者在科学发现室门外开展活动。此外，在对科学发现室的空间进行划分时，要将相对安静的桌面操作区和科学图书区放在一起，尽量远离容易发出噪音或比较热闹的活动区。每个幼儿进行操作的桌面不能太小和过于拥挤，应大小适宜，避免彼此干扰。科学发现室中的材料要根据类别摆放，如光学材料、磁性材料分别放在不同地方；若同类材料有多份，也应放置在一起。材料摆放还需要考虑其特性，有些活动需要用到水，那这样的材料就应邻近水源放置；有的活动需要光，那相应的材料（如光学材料）就应邻近光放置。另外，科学发现室要预留和保证一定的存储空间存放那些暂时不用的材料。

（三）科学发现室活动的组织指导

在科学发现室活动的组织指导中，教师既要激发每一位幼儿的自主探究愿望，引导幼儿的自主探究实践，又要维护科学发现室的良好秩序，以保证每个幼儿最大限度的自由活动。

1. 建立规则，规范行为

科学发现室中幼儿自由活动，难免会出现随意丢放活动材料、带着玩具到处走动、错误使用材料等问题，为了保障幼儿顺利地进行科学探索，有必要在其进行区域活动时建立适当的规则。

需要注意的是，活动规则不是用来限制和约束幼儿的主动活动，而是为了规范他们的行为，培养他们的自律性和责任感，创造良好的活动环境，提高活动效果的。教师在制订活动规则时，可以组织幼儿一起讨论，共同商定应该保持怎样的行为才是合适的。例如，用完材料放回原处、活动区内不能大声说话、不要争抢打闹等。

2. 创设情境，激发兴趣

特定的情境对激发幼儿的探究热情、长时间保持探究的积极主动性有着重要的意义。教师要有意识地为幼儿创设有利于他们探索活动的情境,这一方面要求教师要对科学发现室的环境精心布置,如设计大幅背景图、活动时播放轻音乐等;另一方面教师要注意创设问题情境,引起幼儿的探索兴趣,帮助他们创造探索的氛围。

3. 善于观察,间接指导

在科学发现室活动中,教师应善于观察幼儿的活动情况,进行适度、间接的指导,即启发和引导要留有余地,多给幼儿自主思考的机会,尽量让他们自己去探索发现。一般来说,教师常用的间接指导行为主要有以下几种:

(1) 参与活动,树立榜样。当幼儿面对新的材料不知如何操作、不感兴趣、停下或放弃活动时,教师可看准时机参与活动,为幼儿树立操作的榜样,启发他们操作。例如,在"摩擦起电"探索活动中,幼儿面对多种不同用途的材料有些不知所措,这时教师可以拿起玻璃棒,用一块丝绸布摩擦,再用玻璃棒吸引碎纸片,这个现象可引起幼儿极大的兴趣,继而幼儿会愿意尝试用其他材料操作。

(2) 恰当提问,适当引导。幼儿的知识经验有限,在活动中有时会遇到无法进行下去的问题,这时教师可以把握时机,恰当地提出一些问题,引导幼儿继续探索。提问的时机要恰到好处,提问太早会使幼儿失去自己动脑、主动探索的机会;提问太迟可能会导致幼儿失去兴趣,放弃探索。因此,教师要注意观察幼儿在活动中的细微表现,当他们主动向教师观望或表现出浮躁情绪时,往往就是遇到了困难,这时教师就可以提一些简单的问题,对他们进行启发引导。

(3) 鼓励合作,促进交流。对于幼儿来说,同伴间的合作可以使他们学到许多新鲜的东西,还可以发展交往的能力培养乐于助人的品质,树立合作的意识等。教师应在科学发现室活动中鼓励幼儿积极交流,讨论合作,体验与同伴互动学习的乐趣。有时教师也可以充当伙伴的角色,听取幼儿对各种问题的见解,向他们学习一些自创的玩法或操作方式等,这会激励幼儿更主动、大胆地进行科学探索活动,取得意想不到的活动效果。

4. 客观评价,积极发展

客观、积极的评价对培养幼儿的兴趣、提升他们解决问题的能力等有着不容忽视的作用。因此,在科学发现室活动结束后,教师要给幼儿充分的机会进行活动经验交流,分享成功的快乐,要热情、真诚地对他们在活动中的操作和表现给予积极评价。

(1) 创造良好评价氛围。教师要注意创设一个宽松和谐、民主平等的评价氛围,尊重幼儿在活动评价中的主体地位,教师要站在幼儿的角度看待他们的爱好和兴趣,理解他们的情感和需求,尊重和接纳他们的见解和看法,使评价过程轻松、愉快。

(2) 采用积极评价为主。评价要有艺术性,评价中要以肯定和鼓励为主,多采用积极性和发展性的评价,要注意看到幼儿身上的闪光点和各方面的进步,使幼儿能够感受到愉悦以及成功的喜悦,从而形成良好的自我意识和积极向上的心理状态。

(3) 评价过程重于结果。教师在进行评价时,要注意不要过分注重活动结果的好坏或对错,而应特别关注幼儿在探索活动中所做的努力,参与活动的态度、个性品质,解决问题的能力和创造性的发挥,以及所获得的经验、教训等。

综上所述,要充分发挥科学发现室活动的教育潜能,不但需要幼儿园精心为幼儿创设环境、提供适宜的材料,活动时教师给予适当的指导,还要结合幼儿活动的情况进行评价,使科学发现室活动真正成为幼儿发展的平台,实现幼儿自主发展的目标。

(四)科学发现室的管理

由于科学发现室是属于全园共享性的设施,通常需要一名专职教师负责活动的组织和科学发现室的日常管理。教师在管理科学发现室时,应注意以下三点。

1. 材料的布置和整理

为了保证科学发现室活动的正常进行,每天的材料布置和整理是必不可少的。活动结束后,教师应及时整理每个区域的材料,把移动过的材料放回原位,保证所有材料整齐有序。易被弄脏的材料应经常清洗和更换,保证干净清洁。另外,及时检查、修复或补充材料,以备后面参加活动的幼儿使用。

2. 材料的更新和变换

如果科学发现室的材料始终一成不变,就会使幼儿失去兴趣。要让幼儿始终保持兴趣,科学发现室的材料需要不断更新和变换,这样才会使幼儿有新鲜感,并能保持探究的热情。投放材料的种类应根据幼儿的兴趣和要求不断扩展和增加,这样才能不断支持实现幼儿的想法,促进幼儿与材料之间的互动。

3. 活动规则的制订和明确

为了使幼儿爱惜材料、正确使用材料,让幼儿遵守活动规则是必要的。在活动前向幼儿宣布活动规则:可自由选择材料操作,选择其他材料时应将原先的材料归位放好;可以在不损坏材料的前提下,大胆尝试各种材料的操作方法或寻找一种材料的多种操作方法;在活动中若出现物品损坏或丢失,应及时复原或找回,如果无法复原或找回,须在离开活动室前告诉教师。

二、种植园地和饲养角活动

种植园地和饲养角是供幼儿在幼儿园中开展种植与饲养活动的场所,种植园地和饲养角活动有助于幼儿体会、观察与了解动植物的特性、生长过程及其与环境之间的关系,是幼儿园科学教育环境的有机组成部分。

(一)种植园地和饲养角的内涵

1. 种植园地

种植园地在幼儿园中有两种内涵:一是广义的理解,指所有种植植物的地方,包括走廊和室内等;二是狭义的理解,指专门用来种植的区域性的地方,一般会种植蔬菜、瓜果、粮食作物,很少种植花草与树木,并且往往反复种植与收获。此处使用的是狭义的概念。

2. 饲养角

饲养角是幼儿园中饲养动物的地方。幼儿园的饲养空间主要有两种：一种是户外专设的场地，另一种是每个班级内部如活动室、走廊、窗台等所设的空间。根据空间的不同，饲养角可以划分为两类，即幼儿园户外饲养角和班级饲养角。

(二) 种植园地和饲养角的设计

1. 种植园地

种植园地要求阳光充足，土壤肥沃，一般可以集中设置在幼儿园的一角，如果条件允许，可以给每个班分一块"责任田"。两块田地之间的田垄最好能容纳两名幼儿并排蹲下或站立，便于幼儿种植、管理和观察。

种植园地种植的植物尽量做到多样化，可从当地的气候条件出发，选择幼儿常见且生长较快的各类蔬菜、瓜果、粮食作物，如萝卜、西红柿、丝瓜、南瓜、黄瓜、玉米、高粱、花生、番薯、土豆、蚕豆等。教师应根据不同季节分期安排种植以便让幼儿在不同季节都能看到自己种植的植物。

2. 饲养角

幼儿园户外饲养角一般空间相对较大，以饲养诸如家禽、家畜等体型较大的动物为主，如羊、兔子、鸭、鸡、鹅、鸽子等。这些动物一般需要特定的生活空间，如栅栏或小屋，要远离幼儿的生活与学习区域，动物的生活空间有时还要考虑风向的因素，甚至需要根据季节变换位置。在饲养活动的组织形式方面，户外饲养角既可以由全园共同负责，也可以细分成不同区域并由每个班级分别负责。

班级饲养角是自然角的有机组成部分，位于每个班级自己所属的空间范围内，一般有相对固定的区域，但也可以根据活动室的空间状况和幼儿的需要随机灵活设置在活动室的其他区域，将专门区域和随机区域相结合。班级饲养角的空间相对较小，一般提供诸如玻璃瓶、玻璃缸、小笼子、小罐子等饲养器具，经常饲养诸如金鱼、乌龟、虾等小动物。

(三) 种植园地和饲养角活动的组织指导

为了让幼儿成功地种植植物和饲养动物，教师除了要提供合适的劳动工具、准备劳动场地外，还需要结合幼儿兴趣、能力和当地气候特点等确定种、养内容。

选择种植的植物类型时需要注意幼儿的年龄特点：一般情况下，小班幼儿可以种植一种植物或者若干种差异明显的植物；中班幼儿可以种植若干种差异比较明显或者在某一生长阶段差异明显的植物；大班幼儿可以种植若干种差异不明显的植物。

种植环节主要包括种植的计划与实施两部分，在计划部分，幼儿在教师及家长的引导与帮助下观察与规划种植空间、选择植物及其种子或苗、讨论种植方法、选择种植工具；在实施部分，幼儿在安全的前提下积极参与一些具体的种植活动，如挖坑、播种、浇水等。种植之后的管理是一项长期任务，主要包括浇水、捉虫、松土等，甚至幼儿还要在教师、家长的帮助或参与下给植物喷洒农药。在此环节中，教师在鼓励幼儿坚持完成一些力所能及的任务的同时,还要让幼儿采用诸如绘画、照相、测量等各种方式记录植物的生长变化,并指导幼儿仔细观察植物生长中的一些重要变化,如开花、结果等,以及不同植物之间的异同。收获是一个令人欣喜的过程,在此过程中,教师要引导幼儿了解不同植物的不同收获方法,让幼儿通过触觉、嗅觉、视觉等多种感官全面了解植物果实的形状、色彩、数量、质地等特征,在品尝的过程中进一步了解植物果实的味道、植物及其果实的内在结构与特征等。总之,种植园地的种植活动蕴涵的科学教育价值能否以及在多大程度上得以实现,在很大程度上取决于教师的指导质量、幼儿甚至包括家长的参与程度。

选择饲养动物种类时应考虑幼儿的年龄特点,尽量选择活泼可爱、喂养容易、管理方便的动物,如兔子、小鸡、豚鼠等,也可选择一些适合笼养的、叫声动听的鸟类,如鸽子、画眉、鹦鹉等。在动物饲养角,选择饲养动物的种类时还要注意动物之间是否有敌意,是否对其他动物有攻击性。此外,在幼儿园的树上可设置一些人工鸟巢,可以招引一些鸟来栖息。

在饲养动物的过程中,教师要引导幼儿注意观察、记录动物的生长变化、生活习性。为了更好地实现饲养角的价值,教师需要将饲养角的饲养活动纳入整个幼儿园的课程体系中。

三、科学墙与科学长廊活动

科学墙与科学长廊是充分利用幼儿园的门厅、过道、走廊等空间,在一定科学教育目标的指导下设计的幼儿参与性较强的科学教育环境。

(一) 科学墙活动

创设科学墙的意义在于营造浓厚的科技文化氛围,以倡导理念为主,力求体现视觉的冲击性、科学的神奇性,并且与幼儿园文化相协调,以奇妙体验、趣味操作为主。

科学墙一般布置在幼儿园的门厅,内容可以涉及多个领域,如声学、光学等。例如某幼儿园的科学墙涉及的自然科学领域有声学、光学、电学、力学、磁学、天文、地理、生物等,科学墙由2块12平方米的大墙和15块4平方米的小墙组成,具体内容包括电流迷宫、气压液压、智力拼图、动物乐园、森林捉迷藏、齿轮游戏等。其中,在"动物乐园"里设置了幼儿喜欢的十几种常见的动物,如鸡、鸭、羊、狗、兔子、青蛙、鱼、蜻蜓、蜜蜂、猴子等;并且还设置了"趣味问答",分成三组内容——动物的食性、生活场所、分类,墙上设计了几组按钮,幼儿可以自由选择操作内容。当幼儿选择第一组"动物的食性"时,只要一按按钮,就会听到动物的叫声,幼儿先判断这是什么动物,再去选择它爱吃的食物按钮,答对时,灯光亮起,音乐响起,并伴有鼓励的声音;答错时,会鼓励幼儿再去尝试。

(二) 科学长廊活动

科学长廊一般是开放的、低结构化的。教师将科学主题的活动目标、教育意图通过环境创设、材料投放、活动内容与形式的建议、同伴间的影响等方式加以渗透,主张幼儿以兴趣为导向，自主选择活动内容、活动方式和活动伙伴，通过摆弄操作等方式生成活动过程；教师则主要是促进者和推动者，有时甚至是游戏中的一员，重点观察与引导幼儿的活动过程，了解活动结果，从而调整活动内容与材料。

科学长廊经常布置在幼儿园每层楼的走廊里，可以根据需要划分成若干区域，如游戏区、操作区等。例如，某幼儿园的主楼是半圆形结构，每层楼均有150米长、3米宽的长廊，每个活动室后面均与此长廊连通。该幼儿园在不同楼层设置不同的主题，布置成科学长廊。整个科学长廊分为游戏区、操作区、材料区和展示区四个区域。其中，游戏区的内容主要包括管道游戏、声音游戏、镜子游戏、升降电梯、降落伞等；操作区的内容主要包括斜坡的实验、纸桥的实验、溶解的实验、沙漏的实验等；材料区是汇集教师、家长、幼儿收集的材料的场所，主要有各种各样的石头、羽毛、木块、铁块、塑料、瓶子、纸等科学活动中常用的材料，教师可以根据需求自由取放；展示区则是科技小制作的天地，展示着各式各样的风车、天平、陀螺，幼儿可以看一看、玩一玩、做一做。

科学长廊的创设力求紧密围绕科学主题展开，根据活动内容划分，分解出一个个的问题，让幼儿根据需要解决的实际问题进行有目的的游戏、探究、设计、制作、记录和交流，直至解决问题。例如在"植物生长"的主题活动中，教师在走廊一侧设置了展示植物生长实验如种子发芽、水培植物等的橱窗，还在旁边粘贴了植物生长过程和必要条件的图片，并且提供了观察植物生长的方法和记录表。幼儿可以按自己的意愿观察实验，选择自己感兴趣的方法或表格记录植物生长的过程，深入了解植物生长的过程。

知海拾贝

幼儿园气象角

有些幼儿园还设置了气象角。气象角的设施能把幼儿对天气的感受量化，使幼儿能观察到气象的细微变化。通过对风向标、温度计、雨量计等的使用，幼儿初步学会简单的观测气象的方法，动手操作能力得到发展。

在幼儿园远离建筑物和树木的开阔、平坦的草地上，单独开辟一块东西方向6 m宽，南北方向8 m长的地方用来设置气象角（如果幼儿园条件有限，也可缩小），气象角周围用白色油漆的木栅栏隔开。内设百叶箱、风向标、雨量计等测量气象的最基本设施，一般高的仪器安置在北面，低的仪器安置在南面。幼儿在气象角的活动目的并不是为了得到精确的结果，因此如受条件所限，气象角的设施不能满足要求，就不必强求，可以因陋就简寻找一些替代品。

（1）百叶箱：在幼儿园气象角定制一个白色百叶箱（放在高度约1 m的架子上），百叶箱内能避免阳光直射，通风透气，可以客观反映气温。幼儿使用温度计和记录气温的能力有限，在百叶箱内只需放置最高温度计、最低温度计。最高温度计可以自动记录一天中的最高气温,最低温度计可以自动记录一天中的最低气温。如果上述设备都没有,在通风的、没有阳光直射的走廊处放一支普通温度计也可以,让幼儿在一天中的不同时间多次观察,了解气温的变化。

(2)风向标:风向标是用来测定风向的。把风向标拿到气象角用指南针定好方向,将圆盘的北指向正北(可以用图形表示方向),然后把风向标用3 m左右的竹竿固定在没有遮拦的高处,箭头就会指向风向。

(3)雨量计:雨量计是用来测量降雨量的多少的,简易的雨量计的制作方法如下。准备一个广口瓶(或直壁玻璃瓶)、一个直边罐或瓶(可将2 L可乐饮瓶上端剪去1/3成平口)、尺子、水、记号笔、漏斗、计时表或钟。将尺的一端放入直边罐或瓶内并加水至4 cm深。把漏斗放在广口瓶中,并把直边罐或瓶中的水倒入广口瓶。在广口瓶外标上水位,再把水倒出,用尺子将标记以下的空间分成20等份,每一标记代表2 mm雨,至此雨量计已完成。在将要下雨之前将此直边罐或瓶置于远离树木和房子的开阔地,注意记录开始下雨和雨停的时间。雨停后用漏斗将水从直边罐或瓶中倒入广口瓶中,读取广口瓶上的标记以确定降雨量。

课后思考题

1. 区域科学教育活动的价值有哪些?
2. 适宜在自然角种植的植物有哪些?
3. 选择一所幼儿园,根据该园的特点,参与设计该园科学发现室(可以小组合作),或结合教育实习与幼儿园教师合作共同创建科学发现室。

第七章　学前儿童科学游戏活动与活动指导

1. 了解学前儿童科学游戏活动的特点及价值。
2. 掌握学前儿童科学游戏活动的设计与指导方法。
3. 能够合理利用资源组织学前儿童科学游戏活动。

情境导入

在一次《认识祖国》的教育活动中,中二班李老师发现尽管已多次讲解,但小朋友们仍不能很好达成认知维度目标——"基本认识我国城市"。于是,李老师在主班教师指导下设计了"乘火车旅游"的游戏。李老师将幼儿分成两队面对面地站在两边,中间放一排椅子,第一把椅子的椅背方向与后面的椅子相反,作为驾驶员的位置,并准备一个圆盘作为方向盘。李老师对幼儿说:"我们请一个小朋友来当驾驶员,由他驾驶火车带我们到各大城市旅游,请他讲讲首先要到哪个城市去旅游。"最先举手并说出城市名称的小朋友坐到驾驶员位置上。驾驶员念道"我的火车就要开,往哪里开,说出来的请上车。"两队幼儿中最先举手并说出城市名称的幼儿坐上车。驾驶员重新念道"我的火车……",那些正确说出城市名称并不与别人重复的幼儿都可以上车,最后两队中幼儿上车人数多的为优胜队。

从以上案例可以发现,设置科学游戏,能利用游戏本身具有的趣味性和娱乐性实现对幼儿参与游戏活动兴趣的激发,引发幼儿对科学知识的学习和探索精神,解放幼儿的头脑,使其能在实践完成科学游戏的过程中学习科学知识。

第一节　学前儿童科学游戏活动概述

游戏因其独有的特点,被幼儿所喜爱,被广大的教师所采用,在幼儿园各种具体教育活动实施过程中,发挥着举足轻重的作用。幼儿具有爱玩、活泼、好奇等心理特点,在学前儿童科学教育中融入游戏必然可以达到意想不到的教育效果。

一、学前儿童科学游戏活动的内涵

学前儿童科学游戏活动是指运用自然物质材料和有关的图片、玩具(科技玩具)等物品,引导幼儿进行带有游戏性质的操作活动,是对幼儿进行科学教育的一种有效方法。此类活动源起于幼儿的兴趣,幼儿因快乐的游戏取向而参与其中,"奇妙的口袋""猜一猜"等都是深受幼儿喜爱的游戏活动。科学游戏活动将科学教育目标寓于游戏之中,将日常材料作为玩具,幼儿在轻松愉快地参与有一定规则的、有趣的操作活动中,丰富科学经验,巩固已有的科学知识,并激发更浓厚的观察科学现象、探究科学奥秘的兴趣和欲望。

二、学前儿童科学游戏活动的特点

作为科学教育途径之一的科学游戏活动与科学教育教学活动在学前儿童科学教育中往往是相互联系、互相渗透的,其本质区别在于:教学是一种指向幼儿的学习行为的活动;游戏本身只是为了满足幼儿个人的心理需要,游戏的主旨在于游戏者的心理愉悦。在此,我们将科学教育教学活动中幼儿的科学探究与科学游戏作比较。

表7-1 科学探究与科学游戏

项目	科学探究	科学游戏
学习动机	为解决问题而探究,一般有明确的问题、任务或目的	因"好玩"而玩,一般没有要解决的问题或要完成的任务,而是在游戏中发现问题、任务或目的
学习方式	以尝试性操作为主,旨在探索科学现象之间的关系或解决问题	以重复性操作为主,旨在重复游戏中所伴随的科学现象
学习结果	获得新发现、掌握新知识	巩固已有科学知识,或从游戏中生成新的问题

如表7-1所示,相比之下,学前儿童科学游戏活动具有以下四个特点:

(1)内部动机。科学游戏是幼儿出于其内部动机而参与的活动,不受其他的外部动机所影响。幼儿完全出于自己的好奇心及活泼好动的天性参与游戏活动,常常是为了"好玩而玩"。

(2)自主参与。在游戏活动过程中,幼儿完全是自主的,具体表现为自己决定游戏的内容、方式,游戏开始及终止的时间,并自己选择游戏的玩伴。

(3)积极愉悦。由于幼儿是自觉自愿参与整个游戏活动过程的,因此,科学游戏中幼儿的情绪情感是积极愉悦的,充分体现了游戏的娱乐功能。

(4)重复操作。幼儿在科学游戏中的操作往往是重复性的动作,而不是尝试性的、探究性的,他们常常满足于简单的动作重复。

需要注意的是,在幼儿园教育实践中,科学探究和科学游戏常常是相互转化的,幼儿的科学游戏活动会引发有目的的探究活动,科学探究活动也会转化为科学游戏活动。

三、学前儿童科学游戏活动的价值

1. 激发幼儿的学习兴趣

科学游戏活动对于幼儿来说非常有趣且富有教育意义。科学游戏可以将所授知识融入游戏中,达到寓教于乐的目的,让幼儿在玩耍中获得知识的积累。比如在组织幼儿参与静电实验时,若单纯只要求幼儿观察和操作,其教学效果远不及游戏化实验。比如在"小梳子交朋友"的游戏活动中,教师为幼儿准备的材料包括一张纸、一把塑料梳子和一个气球。在游戏中,将纸撕成小碎片,然后将梳子靠近纸片,吸起来就是交到好朋友了,吸不起来就是没有交到好朋友,教师可引导幼儿观察比较梳子在气球上摩擦前后交到朋友的数量的变化。总而言之,学前儿童科学游戏都非常有趣且易于操作,家长或老师可以设计科学游戏活动来反映科学原理或方法等,引导幼儿思考科学现象背后的原理,帮助他们建立科学思维,提升解决问题的能力。

2. 培养幼儿的自主能力

谢尔曼认为,科学本身就是一种游戏,科学无禁区,游戏也是没有禁区的。科学游戏是一种建立在幼儿内部动机基础上的活动,幼儿参与科学游戏活动完全出于自己的兴趣和愿望,这就在最大限度上保证了幼儿学习的自主性。幼儿在游戏活动中几乎不受到什么限制,他们可以依照自己的意愿、体能、智能自由地参与游戏活动。如在感官游戏"小脚丫的旅行"中,幼儿可以光着脚丫随意在不同的"路面"上行走、跑跳,自由地感受泥土、沙子、鹅卵石、海绵等材质给脚丫带来的不同刺激。幼儿是游戏活动的主人,他们在自由的心态中学习科学。

需要指出的是,有很多科学游戏属于规则游戏。幼儿在参与这些规则游戏时往往要接受游戏规则的约束。也许,在熟悉并掌握规则的过程中,幼儿是"不自由"的,但要看到,这种"不自由"的状态是暂时的。一旦游戏规则被每个幼儿所内化,整个游戏活动过程中因规则的存在,会给幼儿带来更多的乐趣,满足幼儿更为自主的发展。

3. 帮助幼儿形成积极情绪

游戏的愉悦性似乎没有人否认过,有人甚至认为这是游戏的本质特征,是游戏的原始品质,在幼儿的科学游戏活动中也不例外。因"好玩"而投身于科学游戏活动中的幼儿,或许是被新颖、有趣的游戏材料所吸引,或许是对游戏中出现的奇妙现象感兴趣,或许是游戏的活动方式满足了幼儿动手操作、寻求快乐的需求,总之,科学游戏活动能够让幼儿以一种愉悦的心态学习科学,在这一过程中幼儿充分感受到的是积极的情感,游戏活动反映出幼儿需要的满足、情绪情感的宣泄、心态的轻松自在。如在玩沙游戏中,幼儿赋予游戏材料——沙子以各种假想的内容,他们自由选择、随意摆弄、反复尝试、尽情体验,在此状态下,幼儿会不知不觉地获得一些科学经验,学会一些解决问题的方法,科学游戏活动真正起到寓教于乐的作用。

4. 培养幼儿的创新能力

幼儿自身的好奇心非常强,很多事物在其眼中都具有很大的新鲜感,他们迫切希望能够接触、了解或者模仿,这种强烈的好奇心实际上可以被理解成一种求知欲。科学游戏可以激发幼儿的主动参与性,让幼儿在游戏中不断发现问题并解决问题,在无形中锻炼幼儿的探索性思维,不断加深幼儿思考问题的深度,让他们学会不断对解决问题的方法进行总结与归纳,进而将其利用到下一个游戏或学习环节中,这种思维会在幼儿脑海中不断沉淀、更新、迭代,进而逐渐转化成一种创造性能力。

5. 提升科学活动的教学氛围

由于游戏通常具有趣味性和互动性,能够吸引幼儿的注意力,提高他们的参与度。因此,将游戏应用于科学活动,可以提升教学氛围。比如组织科学角色扮演游戏,让幼儿扮演科学家、研究员等角色,进行科学实验和探索。这种游戏方式可以增强幼儿的参与感和互动性,同时让他们更深入地了解科学知识。总之,学前儿童科学游戏可以营造更加活跃、有趣的教学氛围,教师可以根据教学内容和幼儿的实际情况选择合适的游戏方式来达到更好的教学效果。

四、学前儿童科学游戏活动的类型

在学前儿童科学教育实践中,科学游戏活动的形式是灵活多样的,既可以专门组织集体科学游戏活动,又可以把多种材料和玩具放在活动区中,让幼儿自由选择玩耍,还可以将科学游戏活动作为教学过程中的某个环节等。根据所利用的材料或游戏的作用不同,科学游戏活动又可分为多种类型。

(一)按科学游戏活动所利用的材料分类

1. 利用自然物的科学游戏活动

这类游戏是指幼儿在自由操作的过程中,借助一些实物来获得有关科学经验的活动。利用自然物的科学游戏活动一般是个别幼儿的游戏,游戏方式与内容更像"过家家",教师的指令性要求和干预指导较少。例如,"开商店"游戏需要提供一些常见的物品或模型,让幼儿自愿投入游戏中。

2. 利用科学玩具的科学游戏活动

这类游戏是指幼儿利用电控、声控、磁控或利用惯性等类型的科学玩具进行游戏,将玩与科学探索结合起来,从而获得科学经验,培养兴趣,提升能力的活动。例如,教师把放大镜、万花筒、遥控车等提供给幼儿进行自由游戏,他们通过自己操作、摆弄就可以获得一些经验。当然,这些游戏结果可能演变成一种科学探索活动,也可能只是简单地把玩。

科技玩具

科技玩具蕴含了新的科学和技术的应用，具有很强的趣味性，是科学技术发展的缩影，如电子游戏机、声控、光控、遥控玩具等。幼儿园借助科技玩具对幼儿进行科学教育可以大大开阔他们的视野、启迪他们的智慧、激发他们的科学兴趣，进而使幼儿获得生动具体的科学知识经验，促进幼儿思维、动作、意志等的全面发展。

随着科学技术的发展，科技玩具也在不断更新换代，常见的科技玩具有10类。

1. 推拉玩具。这类玩具只需要用手拉动绳索或推动把杆就能使其轮子向前滚动，如较小幼儿就可以玩一些拉着走的小鸭车等。

2. 敲打玩具。这类玩具用手或小木棍等敲打能够发出声音，有利于幼儿探索声音是怎样产生的，如拨浪鼓、摇铃等。

3. 发条玩具。这类玩具需要先转动发条轴使发条卷紧，松手后发条放松，玩具就会动起来，如发条小车、铁皮青蛙等。

4. 惯性玩具。这类玩具一般需要先有一个外力作用，外力停止后，由于惯性，玩具会继续运动下去，如陀螺、惯性小车等。

5. 电动玩具。电动玩具是依靠电池的电力来推动运转的，一般只需要推动开关就能玩。电动玩具的种类很多，如会动的电动小火车、会发声的电子琴、会发光的电光枪等。

6. 遥控玩具。这类玩具是依靠电池的电力作动力，用遥控器来控制和指挥玩具运动，如遥控赛车等。

7. 感应玩具。这类玩具也是用电池的电力作为动力，可以用声音、触碰等来控制和指挥其运动或发声等，如汤姆猫故事机等。

8. 变形玩具。这类玩具可通过动手操作改变其形态，如变形金刚、魔方等。

9. 建构玩具。这类玩具是由很多各种形状的小块材料组成的，用手拼插材料可组成多种事物，如塑料积木、积塑等。

10. 棋类玩具。这类玩具是根据已有的棋和相应规则进行比赛，可集中幼儿的注意力，培养幼儿的意志力、规则意识和竞赛意识，如跳棋、交通工具棋、兽棋等。

教师要将科技玩具灵活地运用于科学教育中，可以参考以下做法。

第一，在日常游戏活动中引导幼儿把科技玩具作为一般游戏和科学游戏的工具，让他们亲手操作，了解玩具的特点和玩法，从而利用科技玩具丰富科学游戏的内容。

第二，在观察活动、科学实验等活动中常选择科技玩具作为教学用具。例如，用各种电动玩具探索电池的作用并练习安装电池的技能;利用敲打玩具探索声音是如何产生的等。

第三,在科技角或科学发现室中摆放一些科技玩具,并时常更换种类,鼓励幼儿玩耍中探索不同类型玩具的功能和玩法,从中掌握一些科学的知识和操作技能。

第四,举办"玩具交流会",教师和幼儿共同做准备,也可鼓励幼儿从家中带自己喜欢的玩具,活动中幼儿可互相介绍玩具的名称、特点、玩法等,还可以幼儿之间交换进行操作、玩耍,从而达成经验交流和资源共享。

3. 利用图片的科学游戏活动

这类游戏是利用反映科学内容的图片进行的活动,通常是在幼儿直接经验的基础上,利用图片帮助幼儿复习巩固科学知识,也可用于帮助幼儿了解事物的主要特征。这里主要介绍以下几种图片游戏:

(1) 配对游戏

配对游戏需要准备一些内容相关的图片,当一人出示某张图片时,其他人找出与之相对应的图片。例如,"给小动物找尾巴"游戏,就是将动物与其尾巴分画在两张图片上进行配对游戏。教师还可以组织幼儿将事物的名称、特征、功用、习性等进行配对。

(2) 拼图游戏

拼图游戏是将整幅图案分成零散局部的若干图片,让幼儿将各部分图片组合拼成整体图案。随着幼儿知识经验的丰富和心理发展水平的提高,拼图可越来越复杂。一般来说,小班幼儿可将分成两部分的图画拼上;中班幼儿可将分成多份的一幅图的拼图拼接成功;大班幼儿可将分割后混在一起的两张及以上同类型的图片分别拼起来。

(3) 看图识物

看图识物游戏需要一些图画,玩起来简单方便,形式也可多样。例如,可以让幼儿在一幅画着许多相似物体的图画上,找出两个或几个完全相同的物体;可以在重叠的画面上找出所有的动植物、生活用品等;还可以只画出物体的局部,让幼儿说出是什么物体等。

(4) 看图辨物

看图辨物游戏是有意在一幅图上画出几处科学性错误,让幼儿通过观察、辨认找出错误所在,并说出如何纠正。例如,冬季的图画中,有冬季不该有的景象,如跳动的青蛙、发芽的树枝等错误。这个游戏可根据幼儿的年龄来设计难易程度,如增加画面的复杂性、找错时加上时间限制等。

(5) 看图找物

看图找物游戏需要教师准备各种事物或现象的图片,让幼儿按要求将图片进行分类。例如，教师将四季的大图片分别放在活动室的四个区角，每个幼儿都需以最快的速度将手中的小图分别粘在对应的季节大图上。这个游戏要求幼儿运用已有的知识和经验，根据教师创设的情境发现事物之间的关系和联系，再做出决定，这一游戏对巩固幼儿的已有知识和发展他们的思维能力都大有裨益。

4. 利用语言的科学游戏活动

这类游戏是幼儿在感性经验的基础上脱离事物和图片，仅利用口头语言进行的游戏活动，一般适用于幼儿园大班的幼儿。这类游戏不需要大量辅助性的材料，简单易行，只要组织得当，幼儿也会兴趣盎然。例如，在诗歌创编活动中，请每人说一句"春天来了，××变××了"，例如"春天来了，草儿变绿了"等；或在大班开展"买卖"角色游戏前让幼儿每人介绍一下将在商店商品、商品价格等，了解买卖过程中的对话以及常见的付款方式和简单的钱币兑换。

（二）按科学游戏活动的作用分类

1. 感知游戏活动

这类游戏是指幼儿通过自己的感觉器官感知、辨别自然物体的属性和功能的活动。感知游戏活动主要是对幼儿进行感官训练，发展他们的感知能力，一般在幼儿园小、中班采用较多。根据参与感知游戏的感觉器官的不同，感知游戏又包括视觉游戏、听觉游戏、嗅觉游戏和触觉游戏等，这里各举一例。

（1）视觉游戏活动——"它少什么"

这个游戏可以帮助幼儿认识常见物品的形态，训练幼儿的观察能力。游戏前教师准备缺少某一部分的动物或其他事物的图片若干张，如缺少尾巴的金鱼、缺少机翼的飞机等，将这些图片贴在黑板上。教师发布指令，请幼儿快速将画有某部分的卡片贴在相应的图片上。

（2）听觉游戏活动——打电话传口令

这个游戏可以锻炼幼儿准确听清与复述简短语句的能力，且帮助幼儿建立空气能传声、固体(棉线)也能传声的概念。教师事先准备一次性纸杯若干、2m长的棉线若干、火柴或双头棉签一盒。在每个一次性纸杯的底部中心钻一个小孔，让幼儿将棉线穿过纸杯的小孔，用棉签或火柴梗将棉线的一端扣住。同样再将另一个纸杯固定在棉线的另外一端，纸杯电话就做好了。然后将幼儿分成四组，在操场上排成四路纵队，纵队之间间隔约1m，每路纵队前后两个幼儿之间的距离与电话棉线的长度相当。一、三纵队比赛通话，二、四纵队负责监听与裁判，赛毕再互换。比赛通话的两列纵队分别用"电话"从前到后拉起来。教师分别向两队前排的第一个幼儿耳语传达一句简短的语句，让他们用各自的"电话"传给后一个幼儿，就像接力赛一样，将教师传达的"口令"一个接一个地向后传，直到最后一个幼儿将听到的话向全体幼儿及教师大声讲出来让教师判定。

（3）嗅觉游戏活动——鼻子本领高

这个游戏需要教师先准备一些小瓶子，里面放上常见的有明显气味的物品(如酱油、醋、香蕉、颜料等），让幼儿通过闻气味来判断是什么物品。

(4) 触觉游戏活动——奇妙的口袋

这个游戏需要教师准备一个大口袋，里面装上各种水果、玩具等常见物品。游戏开始，教师说"奇妙的口袋东西多，请××小朋友来摸一摸。"被请到的小朋友要上来摸出一样东西，要求幼儿先不要看，说一说摸到了什么、摸上去什么感觉等。

需要注意的是，感知游戏活动需要在一种心平气和的心境下进行，否则，会因心浮气躁影响感知游戏活动的效果。

2. 情景游戏活动

这类游戏活动中，教师根据一定的科学教育目的，用图画、玩具及音乐等各种手段设计出特定的情景，让幼儿设想身临其境时的活动场景，旨在培养幼儿的想象力，并获得一些科学知识和体验等。例如，教师为幼儿模拟火灾场景，准备水、毛巾、棉被、门、窗等实物或替代物，让他们想象如果自己在现场，要如何利用身边的物品保护自己。教师还可以让幼儿仔细观察周围的事物，选一种自己熟悉的事物（可以是动植物、卡通人物、石头等）来扮演，要努力发现并表现出该事物的明显特征，扮演或表演完成后，让其他幼儿猜一猜他扮演的是什么。

3. 体育类科学游戏活动

这类游戏是寓科学教育于体育活动中的游戏，活动量大，适宜在室外进行，能够充分满足幼儿好动的需求，激发他们的学习热情，促进他们活泼开朗的性格的形成。例如，捉影子、玩水、玩沙、堆雪人、放风筝、玩风车等，幼儿通过这些游戏亲身体验并进一步理解事物的特征，加深对事物及科学现象之间的因果关系的理解。

4. 竞赛游戏活动

这类游戏是以比赛判别输赢的形式展开，旨在发展幼儿的思维敏捷性和灵活性，满足他们日益增长的求知欲和好胜的心理，适合在幼儿园中班、大班开展。这类游戏的形式很多，可以锻炼幼儿多方面的能力。例如，知识问答竞赛能帮助幼儿巩固和交流相关科学知识；跳棋、五子棋等能培养幼儿的分析、判断能力等。

5. 实验游戏活动

这类游戏活动与科学实验直接联系，在科学实验的前提下，以游戏的方式进行实验，使幼儿在轻松的游戏中巩固所获得的科学知识和经验，增加实验的趣味性。例如，在"拼五角星"游戏中，幼儿将五根火柴棍（或牙签）分别对折排放（对折处都朝里摆成雪花状）在玻璃板上，在中心处滴几滴水，被折的火柴受潮后就慢慢张开，最后拼成了一个五角（如图 4-1 所示）。

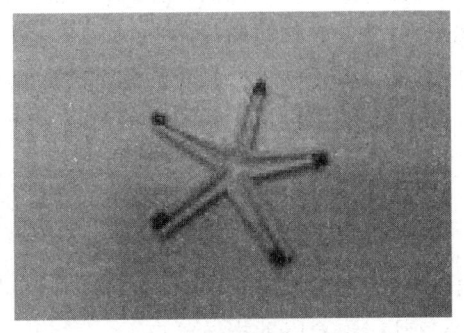

图 4-1 火柴变成五角星

第二节 学前儿童科学游戏活动的设计与指导要点

学前儿童科学游戏活动贯穿于幼儿园的教育教学活动中,教师要遵循科学游戏活动的设计原则,注重激发幼儿参与游戏的兴趣、帮助幼儿理解游戏规则,参与游戏活动过程,做好游戏活动评价。

一、学前儿童科学游戏活动的设计

教师在设计学前儿童科学游戏活动时应遵循以下设计原则:

1. 科学性原则

教师在选择和编制科学游戏活动时,首先要考虑游戏活动的科学性,即应使游戏活动中蕴含的科学知识内容准确,难度适中,符合科学教育的目的、要求以及幼儿的身心发展特点和规律。渗透正确的科学知识有助于幼儿形成对事物的正确态度,如果仅仅是为游戏而游戏,缺少科学性,也就失去了科学游戏活动的意义。同时,我们也要考虑到科学经验与概念应该隐含在游戏的材料和游戏的规则中,而不能将游戏活动变成生硬的说教。

2. 趣味性原则

"好玩有趣"是游戏的生命。科学游戏活动与幼儿的其他活动不同,没有明确需要解决的问题、任务或目的,游戏活动过程会给幼儿精神和身体带来舒适、愉悦的体验,并能使幼儿在游戏活动中得到自主发展。在设计过程中,要充分考虑赋予科学游戏活动以神秘的色彩,以吸引幼儿尽快投入游戏活动之中,同时要注重游戏内容材料及环境的设计,使游戏活动满足幼儿动手操作、动脑思考的需要,使幼儿在充满乐趣的氛围中体验快乐,体会成功。

3. 活动性原则

活动是幼儿身心发展的基础与源泉。幼儿喜欢摆弄,好探究,天性活泼,对周围的事物充满了好奇,他们动作灵活,思维活跃,总是处于不停"动"的状态。教师要明确一点,即"动"既包括身体上的"动",还包括心理上的"动"。在进行科学游戏活动设计时,既要考虑满足幼儿身体外部的操作感知和身体运动,又要注重推动幼儿内部的智力活动,达到科学游戏活动的最终目的。

二、学前儿童科学游戏活动的指导要点

作为科学游戏活动设计者的教师,在游戏活动开展时也是一名组织者、支持者和参与者,游戏的过程实际上就是教师引导幼儿玩的过程。在集体科学游戏活动过程中,教师应注意以下指导要点。

1. 创设游戏环境,激发幼儿参与游戏的兴趣

幼儿是在与周围环境的相互作用中不断发展的,教师要精心设计游戏环境包括游戏材料的投放、游戏氛围的营造、游戏空间的布置等。同时,还应巧妙设计游戏语言、擅用肢体语言,努力缩短与幼儿的心理距离,使幼儿觉得亲切好奇,集中幼儿的注意力,调动幼儿参与游戏的热情。如教师以充满激情的语调告诉幼儿:"今天我们要一起玩一个十分有趣的新游戏,游戏中有很多美丽的图案,我们一起看看它们都藏在哪儿?"这样充满神秘气氛的渲染可以使幼儿立刻安静下来,以期盼的心情来参与游戏。

2. 帮助幼儿理解游戏规则,保证游戏的顺利进行

帮助幼儿理解并掌握游戏的玩法和规则是游戏活动顺利进行的前提,教师在游戏活动开展的过程中要充分发挥主导作用,可根据科学游戏活动的需要和幼儿的实际水平,将游戏的规则用语言或演示的方式清晰地告知所有幼儿,在确保每一个幼儿都完全掌握了游戏规则的要求后,再正式开始游戏活动。

3. 参与游戏活动过程,促成游戏活动的完成

在游戏活动进行的过程中,教师的角色应为观察者、参与者和指导者。作为观察者的教师要时刻关注游戏活动的进展,关注幼儿在游戏活动中的反应,了解游戏材料的适用性。作为参与者的教师要把握游戏活动进展的大方向,以游戏伙伴的身份与幼儿共同游戏,以一种肯定、积极支持的态度出现在幼儿面前,推动游戏活动的进程。作为指导者的教师,要时刻关注游戏活动中幼儿的表现,创造时机鼓励他们积极互动;当幼儿出现停滞不前、玩不下去,或情节贫乏、玩法单一的状况时,巧妙地给予启发性的提示或建议,促使游戏活动顺利进行。

4. 做好游戏活动评价,提升游戏活动效果

游戏活动结束时,教师需要组织幼儿对游戏活动进行评价,可让幼儿自己交流一下游戏活动中的所见所想;也可以就游戏活动中出现的普遍问题进行简单的讨论,如执行游戏规则的情况,游戏材料的使用及归放,或游戏活动进行过程中出现的新玩法、新创意等内容。但要注意的是,要为每一个幼儿在游戏活动中的出色表现喝彩,如果是集体游戏活动,还应感谢大家为成功开展游戏活动所付出的努力。

第三节 学前儿童科学游戏活动案例

学前儿童科学游戏活动形式多种多样,下面简单介绍几种常见的集体教育活动中的科学游戏环节(游戏目标仅表述了本游戏所要达成的科学领域的目标)。

一、小班科学游戏活动案例

1. 找找看

游戏目标:能通过游戏区分相近色,且能用"里""外""上""下""前""后"等方位词

描述事物位置。

游戏准备:游戏前教师可以将事先准备好的物品藏于相应的地方(数量可以依幼儿人数定),所选物品的颜色最好与周围的环境有相似处。

参加人数:10~20人。

游戏规则:教师说出要找的物品,引导幼儿细致观察,进行寻找,找到后请幼儿记住物品所在之处,请幼儿根据教师提问,用"里""外""上""下""前""后"等方位词说出物品所在位置;然后再次重复。

游戏评析:该游戏属于感知游戏,幼儿主要运用视觉进行游戏,也可以在游戏过程中学习寻找东西的方法和技能。

2. 给小动物找耳朵

游戏目标:能根据教师指导准确找出小动物的耳朵,发展逻辑思维。

游戏准备:两组图片,一组图片上有各种缺失耳朵的小动物,另一组图片上有相应小动物的耳朵。

参加人数:10人左右。

游戏规则:教师请幼儿仔细观察自己手中的图片,并帮助小动物找到耳朵,活动中可以让幼儿用语言描述自己手中图片的内容,比比谁找得快。

游戏评析:这是运用图片进行的游戏活动,幼儿在拿到图片时,要进行细致的观察与判断分析,同时还需与其他幼儿交流讨论,然后完成游戏。幼儿需要根据物体与物体之间的相关关系、从属关系进行匹配,该游戏对幼儿逻辑思维的发展具有促进作用。

3. 摸箱

游戏目标:通过反复触摸能较为清晰地描述出物品的外形特征。

游戏准备:纸箱上开一小口,里面放置不同材质的物品,包括积木、布料、棉花、塑料、海绵等。

参加人数:不限。

游戏规则:不用眼睛看,只将手伸进箱中,反复触摸,用语言描述摸到的物品的外形特征,并说出物品的名称。

游戏评析:该游戏属于感知游戏,主要是让幼儿运用触觉来感知日常生活中常见物品的外形特点。需要注意的是,这种游戏在进行过程中需要一个安静的环境,否则,幼儿会因心浮气躁而影响感知的效果。中班、大班也可开展类似活动,只需将目标难度提升即可。

4. 给乌龟爷爷拜寿

游戏目标:能结合小动物的特点找到合适的过河方法。

游戏准备:各种小动物的头饰。

情境创设:乌龟爷爷要过寿了,小动物们要去给乌龟爷爷拜寿,在去乌龟爷爷家的路途中,有一条宽宽的河,小动物们该怎样做,请幼儿思考并模仿。

参加人数:10人左右。

游戏规则:请每个幼儿以自己扮演的小动物角色为依据,思考过河的方法,用动作进行模仿、用语言进行描述,参与游戏。

游戏评析:此类游戏为情境游戏,目的是让幼儿在教师精心设置的情境中进行观察思考,并做出选择。在游戏中,教师要引导幼儿仔细观察各种小动物的形态特征,从中选出自己想要模仿的对象,细心揣摩,发现它与其他小动物的不同之处,找到适宜的过河方法,并用自己的肢体尽力表现出来。

二、中班科学游戏活动案例

1. 吹泡泡

游戏目标:愿意观察泡泡,探究吹泡泡的方法,且能用语言表述不同工具吹出泡泡的形态。

游戏准备:用洗洁精制作的吹泡泡水,吸管及用铁丝弯成的圆形、正方形、三角形的吹泡泡工具。

参加人数:不限。

游戏规则:在户外,教师先出示吸管请幼儿吹泡泡,让幼儿感受泡泡在空中飘浮的姿态及在光照下的颜色变化;再请幼儿选择用铁丝弯成的不同形状的工具吹泡泡,感受不同工具吹出泡泡的异同,并引导幼儿用语言描述。

游戏评析:该游戏属操作游戏,一般此类游戏大多为幼儿的个别游戏,在游戏内容和游戏材料的提供上与区域活动类似,但是教师的指令性要求及干预指导更少。

2. 小水滴的旅行

游戏目标:能清楚流畅地表述小雨滴形成的过程。

游戏准备:将小水滴旅行的过程绘制成一张张的卡片,然后将其顺序打乱。

参加人数:3~5人一组。

游戏规则:请幼儿仔细观察打乱的卡片,认真思考后将卡片排列好,比比哪组排列得快,并请幼儿用语言描述。

游戏评析:此类游戏可以选择的内容范围非常广,幼儿喜闻乐见的故事均可作为游戏素材,如《小蝌蚪找妈妈》《蚕宝宝的一生》等。需要注意的是,此类游戏要注重对幼儿的语言表达能力的培养。

3. 堆雪人

游戏目标:能用喜欢的方式表现雪人的形态和雪融化的过程。

游戏准备:优美的音乐背景,观察雪的前期经验。

游戏规则:一个幼儿扮演被堆的"雪人",其他幼儿扮演堆雪人者。后者可以任意地塑造"雪人"的造型,而前者要与后者配合,扮演出"雪人"的各种姿态来。幼儿在音乐的伴奏及语言的解说下进行游戏:太阳出来了,"雪人"在温暖的太阳下逐渐"融化"。幼儿可以用各种创造性的方式来表现"融化"的过程,直至最后变成了地上的一摊"水"。

参加人数:2~5人一组。

游戏评析:这是一个更多地带有表演性的游戏,在游戏过程中,幼儿不仅可以调动和运用与雪有关的科学经验,而且还可以获得无穷的乐趣。

4. 玩风车

游戏目标:在游戏中体验空气的流动与风车转动的关系,并能清楚流畅地表达出来。

游戏准备:不同材质的风车若干。

参加人数:不限。

游戏规则:教师奖幼儿带到户外,请幼儿选择风车,观察静止、走动、跑动时风车的不同变化,体验空气的流动与风车转动的关系。

游戏评析:此类操作游戏还可与具体的教学内容相结合,可让幼儿在参与科技小制作活动之后进行该活动,以游戏的形式体验成功的快乐。

三、大班科学游戏活动案例

1. 听声音

游戏目标:能描述所听到声音的来源、特点和听到该声音时的心情。

游戏准备:大自然中幼儿熟悉的各种声音,如鸟鸣声、风吹树叶的声音、车辆驶过的声音、人走路的声音等的音频资料。

参加人数:不限。

游戏规则:在游戏前可以让幼儿自己选择要听的声音,在游戏中可以让幼儿静坐,闭上双眼,当自己选择的声音出现时,要心中默记,然后互相交流所听到声音的来源、特点和听到该声音时的心情。

游戏评析:这是训练幼儿听觉的一种游戏,尽量在户外场地选择真实自然的声音,但如果户外场地过于嘈杂,可在室内进行,需要教师提前将录音准备妥当。

2. 美丽的树叶

游戏目标:能通过观察探究,正确匹配树叶与树木。

游戏准备:各种各样的树叶,可由教师采摘,也可以结合户外活动让幼儿自己收集。

参加人数:不限。

游戏规则:让幼儿通过各种感官了解、识别树叶,并对树叶进行分类,还可以让幼儿观察、判断出不同的树叶分别来自哪棵树。

游戏评析:这是运用自然物进行的一种游戏,着眼于给幼儿提供一种逻辑经验。此类游戏还可以运用岩石、木棍、纸片等物品进行;同时,此类游戏还可以与其他教学形式相联系,设计为一个活动或融入主题教学活动之中。

3. 找错误

游戏目标:能结合实际情况指出图画中的错误之处并能说出理由。

游戏准备:以颠倒歌《小槐树》为基础绘制一幅图画。(儿歌如下:小槐树,结樱桃,杨柳树上结辣椒。吹着鼓,打着号,拉着大车抬着轿。苍蝇踢死驴,蚂蚁踩塌桥。木头沉了底,石头水中漂。小鸟叨个恶老雕,小老鼠拉个大花猫。你说好笑不好笑?)

参加人数:不限。

游戏规则:请幼儿认真观察并找出图画中与现实情况不符的地方,并用语言描述理由。

游戏评析:此类游戏以颠倒歌为依据,借助于图画的方式进行,因儿歌中所呈现的内容与幼儿日常生活中所见的真实情境完全相反,故能引起幼儿强烈的好奇。

4. 踩影子

游戏目标:在游戏中愿意探索影子大小、长短变化的原因。

游戏准备:有阳光的室外场地。

参加人数:20人。

游戏规则:请幼儿自选两人一组,双方约定不仅要尽量多地踩到对方的影子而且还要尽量避免对方踩到自己的影子,以是否先踩到对方影子5次来判断赢输。

游戏评析:该游戏属运动性游戏,此类游戏运动量大,适宜在室外进行。通过这类游戏,幼儿可以亲身感受并进一步理解事物的特性,加深对事物及科学现象所产生的因果关系的理解。同时,在游戏的过程中,幼儿好活动的特性得到充分满足,学习的热情得到激发,活泼开朗的个性得到发展。

案例分享

科学游戏活动案例——引球入洞①

游戏活动目标:
1. 乐意与同伴合作解决搭建过程中遇到的问题,有坚持不懈的精神。
2. 通过探究搭建轨道,了解乒乓球滚动与轨道造型之间的关系。
3. 能够尝试、探究用多种方法搭建轨道。

游戏环境与材料:
草坪台阶、PVC 管槽、乒乓球、纸箱、泡沫板、彩色塑料圈。

---

① 活动设计者:胡可、伍小萌、高琴,荆州市政府机关幼儿园

游戏一:"引球初体验"——单轨单洞、一洞到底

此游戏规则为,让小球从草坪台阶的PVC管槽里滚落到"洞"(彩色塑料圈)中,即成功。幼儿尝试将管槽套在一起,但是球在管槽衔接处会弹出去。关于"为什么球总是弹出管槽"的问题,有的幼儿认为是运气原因,有的认识是和管槽连接方式有关,还有的认为和球的数量多少、台阶坡度有关。

游戏二:"引球新发现"——多轨单洞、多轨多洞

在接下来的几天里,幼儿经过不断尝试、调整、验证,球成功进洞的次数变多了。例如,彤彤改变了PVC管道的连接方式,后一根铺在前一根的下面;雯雯增加了"洞"的数量;萌萌则拿了更多的球……

游戏三:"引球新花样"——更换材料、改变轨道

幼儿基于前期游戏经验,创造了引球入洞游戏的新玩法。希希改变了轨道材料,她尝试着把纸板一块接着一块顺着三级台阶拼接起来,再用一个打开的纸盒对着轨道当球门。当雯雯把球从纸壳轨道放下去时,有的球"呼"地一下冲到球门外面去了,有的球在轨道上就滑出了轨道。

课后思考题

1. 学前儿童科学游戏活动的价值体现在哪些方面?

2. 学前儿童科学游戏活动的指导要点有哪些？

3. 请评析中班科学游戏活动《神奇的彩虹糖》。

《神奇的彩虹糖》游戏步骤：

（1）取一个白色盘子放在桌上，把准备好的彩虹糖放在盘子边缘围成圆圈（依据盘子大小选多种不同颜色，每种颜色3~4粒）。

（2）将温开水倒进盘子里，以水刚好碰到彩虹糖为佳。

（3）静静地观察彩虹糖在水中的变化，它们会逐渐变成一朵朵漂亮的彩色太阳花。

4. 设计适合小、中、大班幼儿的科学游戏活动各一个（要求写出游戏名称、目标、准备、规则或玩法）

第八章 学前儿童科学教育资源

学习目标

1. 了解学前儿童科学教育资源的内涵及类别。
2. 掌握学前儿童科学教育资源选择的原则。
3. 能够在实践中综合选择和运用科学教育资源。

情境导入

幼儿园与市交通一中队合作,建立了"交通法规教育基地",幼儿园请交警给幼儿讲解交通规则,介绍马路上的交通标志、设施用途,使幼儿对交通法规有了初步认识,知道不遵守交通规则是危险的。根据家长反映,幼儿园进行交通安全教育后,幼儿安全意识增强了,在去幼儿园和外出的路上,还能主动提醒爸爸妈妈,过马路要走人行横道,骑车、开车要看红绿灯,有了很强的自我保护意识。

以上案例中,该幼儿园认真贯彻落实了《纲要(试行)》中提出的"幼儿园应与家庭、社区密切合作,与小学衔接,综合利用各种教育资源,共同为幼儿的发展创造良好的条件"的精神。学前儿童科学教育的开展有赖于教育资源的开发与利用,教育资源是实现科学教育的保障。

第一节 学前儿童科学教育资源概述

科学教育资源是学前儿童学习科学的重要载体,幼教工作者应更加重视科学教育资源的开发和利用,注重引导幼儿通过直接感知、亲身体验和实际操作进行科学学习。

一、学前儿童科学教育资源的内涵与价值

(一)学前儿童科学教育资源的内涵

教育资源是指整个社会用于教育领域中培养不同熟练程度的后备劳动者和专门人才的人力、物力、财力及信息的优化组合,不仅包括各类物质资源,还包括人力资源及信息资源。学前儿童科学教育资源非常广泛,包括辅助开展科学教育的各种教具、

帮助幼儿学习科学的相关资料及可用于科学教育的家庭资源和社区资源。国内外许多研究表明,家庭和社区中蕴含着大量学前儿童科学教育资源,充分利用这类资源可以丰富幼儿的感性经验,激发幼儿的探究行为,陶冶幼儿的科学情感。只有建立幼儿园、家庭和社区科学设施的有机联系,形成一个网络状的现代科学教育体系,才能取得科学教育的最佳效果。这就需要努力提高家长及相关人员参与科学教育的能力,优化家庭资源的管理,探索社区资源的利用,提升教师开展科学教育的积极性和使命感。

随着社会对学前教育的日益重视,幼儿园应增强主动获取家庭、社区资源的意识;注重分析各类资源的特点;探索利用家庭、社区资源开展"走出去""请进来"等科学教育活动的策略。家庭和社区蕴涵着大量教育资源,有待于开发和统筹管理,社区资源服务幼儿园的意识和功能也有待提升;开展社区机构与教育机构的合作的研究需进一步加强。

(二) 学前儿童科学教育资源的价值

幼儿园、家庭和社区三者相互配合,形成教育合力,有效开发、管理和利用科学教育资源,对于学前儿童科学教育活动的开展、幼儿的发展以及教师的专业成长有着重要价值。

1. 有利于幼儿园教育教学活动的开展

在组织教育活动时,家长是幼儿园教师的合作伙伴,教师要积极争取家长对幼儿园教育的理解、支持和参与,吸引他们主动参与到幼儿园教育教学活动的开展中。家园合作能够促使幼儿园中获得的学习经验在家庭中得到延续、巩固和发展,家庭中获得的经验在幼儿园的学习活动中得到应用。

2. 有益于幼儿全面和谐的发展

丰富的科学教育资源可增加幼儿的学习兴趣,发展幼儿各种能力,科学教育资源的具体、直观,使得以直观形象思维为主的幼儿的学习变得更为容易。社区、家庭的物质和人力资源是对幼儿园科学教育资源的有益补充,家长可为幼儿园提供各种材料,家长的特长和职业是幼儿园开展科学教育的重要资源。社区资源的利用为幼儿提供了与真实世界互动的机会,使幼儿获得有关自然现象、动植物、现代科技等方面的科学经验和真实体验,有助于从小培养幼儿的科学素养,对于幼儿全面和谐发展有着极其重要的作用。

3. 有助于教师的专业成长

幼儿的很多直接经验来自家庭、社区,教师可以把幼儿在家庭中表现出的兴趣和已有经验看成幼儿园开展科学教育活动的重要线索和依据,也可以把幼儿园的科学教育活动延伸到家庭。来自社会各行各业的家长可以传递给教师丰富的信息资源,可以为幼儿园教师提供关于科学知识和科学活动材料等方面的帮助,同时教师与家长和社区的交往也有助于提升自身沟通和组织能力,所有这些对于教师的专业发展都发挥重要的促进作用。

综上所述,幼儿科学学习的内容来自周围环境中常见的事物与现象,教师通过对社区资源的深入发掘,设计和组织指导科学教育活动,能有效促进幼儿园教育教学的顺利开展;促进幼儿探究能力的培养,在社区环境中幼儿更容易主动吸取新鲜的信息,进行自主探究。社区的物质、人力资源也能够帮助教师丰富自身的科学知识,提高教育教学能力。

二、学前儿童科学教育资源的类别

学前儿童科学教育资源范围极广,概括起来主要包括园本科学教育资源、家庭科学教育资和社区科学教育资源。

(一)园本科学教育资源

园本科学教育资源主要指幼儿园开展科学教育的材料资源和信息资源等。

1. 材料资源

材料资源主要是科学教育活动中所需的各种物质材料,是学前儿童科学教育活动目标的物化,在学前儿童科学教育活动中发挥着重要作用。幼儿对事物抽象化的认识始于直观的感受,材料在幼儿认识事物的过程中非常重要。幼儿园科学教育常用的教具、学具主要有以下几类。

(1)实物。实物是真实的物品,是最具体的教学材料。在认识动植物、水果蔬菜时,教师可以提供相关的实物,使教学更加直观形象。幼儿能够感知到物体的外部特征和内部特征,能够观察到实物的生长变化过程,从而获取对物体的直接经验。

(2)标本。标本也是材料的一种,将实物通过特殊的加工方法制作而成。常见的标本有动物标本和植物标本。如蝴蝶标本、树叶标本等,能帮助幼儿观察到某个动物或植物的真实样貌。

(3)模型。代表实物的人工制作品就是模型。如人的牙齿模型,能帮助幼儿观察到不同位置的牙齿的形状特征。

(4)图片。图片是常用的一种材料,包括挂图、照片等。对于有些找不到实物材料的物体,可用图片来代替,以帮助幼儿观察了解实物特征。如让幼儿认识大熊猫,教师可以通过图片引导幼儿观察大熊猫的特征。

(5)多媒体设备。图片只能平面地显示物体,缺少真实感,有些细节难以观察到,因此能更形象更生动展现事物的现代化的多媒体教学设备尤为重要。幼儿园多媒体设备主要包括电视机、录音机、投影仪、电子白板等。

(6)实验设备与材料。包括操作各种小实验的设备和材料,如光学材料中的放大镜、万花筒等,吹泡泡实验中的各种吹泡泡工具、泡泡水容器等,这些都是幼儿开展动手操作实验必备的材料。

教师不仅要会选择、运用合适的活动材料,而且还要不断创新、制作活动材料,可以直接利用生活中的废旧物品,或将其加工处理后作为活动材料。

2. 信息资源

幼儿园科学教育的信息资源主要包括图书资料和网络资源。

(1) 图书资料。图书资料包括儿童科普读物、科学类图书、教师用书等。儿童科普读物包括科学家的故事、动植物的故事,如《蚯蚓的日记》《儿童百科词典》;科学类图书是指教师在引导幼儿探索科学现象过程中可以参考的相关科学方面书籍,如《动物百科全书》《植物百科全书》都可以作为科学教育中教师或家长的参考资料。

(2) 网络资源。通过互联网教师可以查阅学前儿童科学教育相关的信息,如各地科学教育信息、有关科学内容的图片、科学知识介绍、科学教育活动案例等。同时,教师和家长可以指导幼儿上网查阅相关的科学资料,培养幼儿获取、收集信息的能力。

(二) 家庭科学教育资源

家庭科学教育资源是指家庭可以为幼儿园科学教育和幼儿科学认知学习、科学技能提升和科学素养培养等提供的各种物质与人力资源的总和,包括家庭科学教育物质资源和人力资源两大方面。与幼儿园相比,家庭中幼儿的学习更具有情境化、生活化、随机性的特点,家长应建立科学教育的观念,利用家庭生活的资源和机会,引导幼儿进行科学探究活动。

1. 家庭科学教育物质资源

家庭科学教育物质资源主要是家庭中的物品类资源和信息资源,如家庭中种植的花草、养殖的小动物、饮食中的蔬菜水果、生活设备、各种玩具等物品类资源,书籍、报纸、音像资料等信息资源。家长也可以为幼儿提供固定的空间,摆放一些可供幼儿探究的材料,如瓶子、盒子、平面镜、放大镜、平头剪刀、钳子、旧闹钟、旧玩具等,鼓励幼儿通过观察、摆弄、操作这些材料获得发现。在家庭生活中,借助丰富的探究素材,幼儿可以充分感知、认识不同事物的特征,了解事物间的关系,扩展经验,形成对周围事物的兴趣。同时,家长还需要配合幼儿园的科学教育活动收集材料,帮助幼儿获得经验准备等。

2. 家庭科学教育人力资源

家庭科学教育的人力资源主要是指家长自身的资源,包括家长的知识经验、职业特点、兴趣和特长等。父母是幼儿最好的科学启蒙老师,孩子从出生起就受到父母潜移默化的教育,包括科学教育。比如,家庭生活中,很多事物和现象会引起幼儿的好奇,对于幼儿的"是什么""为什么"的问题,家长要提供必要的物质条件或材料,通过直接回答、与幼儿共同查阅图书和网上资料寻找答案,鼓励幼儿自主探究,帮助幼儿获得科学经验,享受科学探究的乐趣。此外,父母还为幼儿提供了各种学习科学的有利环境,如从事各种不同职业的家长可以为幼儿或幼儿园提供丰富的科学教育资源和科学教育活动的场所。

拓展阅读

学前儿童家庭科学教育指导

家庭教育若开展得好，往往既温馨又愉快，能最大限度地解除外界给予幼儿的压力和紧张感，同时父母了解自己的孩子，能有针对性地实施个别教育。因此，家长在对幼儿进行科学教育时应注意以下几方面：

（一）树立正确的科学教育观

1. 幼儿的科学教育宜是启蒙性的

家长应充分尊重幼儿具体、形象的认识特点，将幼儿的科学教育视为科学启蒙教育，注重培养他们对周围世界的积极情感、好奇心和对科学的兴趣，养成尊重证据，乐于接受新思想与新信息的科学态度，让幼儿在科学探究过程中培养领悟科学、运用科学的能力，促进其科学思维能力的发展，而不要过分追求让儿童掌握所谓科学的结论。

2. 幼儿的科学教育宜是生活性的

幼儿在与环境充分互动的过程中，感觉、知觉和动作系统帮助他们建立了对周围世界的核心认识和情感，随着认知水平的提高，他们才能通过间接的手段，在已有认识的基础上建构新的经验。因此，家长在安排科学教育的内容时，应尽量与幼儿的生活经验相结合，引导他们参与科学探索活动。

3. 幼儿的科学教育宜是过程性的

幼儿在认识和解释自然现象时具有很强的主观性和自我中心化倾向，往往从主观愿望出发，赋予万物以灵性，或只是根据表面现象进行判断。同时，幼儿需要多次尝试和探索，不断排除无关因素，才能正确地理解科学现象。因此，家长在对幼儿进行科学教育时，要以"儿童化的思维"方式去理解幼儿关于世界的看法，注重幼儿的过程参与，同时引导他们提高科学认识。

（二）激发和培养幼儿的科学探究兴趣

1. 采取多种措施保护幼儿的好奇心

好奇心是幼儿最初的科学探索动力。幼儿天生具有好奇心，当他们被某一事物或现象吸引时，常常表现得思维异常活跃，探索欲望特别强烈，同时也最容易接受成人的启发。

2. 学会耐心倾听和启发儿童提出问题

对幼儿进行科学教育应关注他们在日常生活中提出的问题，这是保护其科学探究兴趣的有效手段。为此，家长需要学会及时做出对教育价值、活动可能性与适宜性的判断，支持和认可幼儿的想法，并从幼儿众多的问题中筛选出适宜当前探索的问题。

3. 采取游戏化的教育手段

游戏是最贴近儿童认知特点的活动方式，应成为儿童进行科学探索的基本方式。为此,家长应大量采用游戏形式,寓教于乐,在理解、尊重与支持幼儿游戏兴趣的基础上,允许他们随时按照自己的知识经验、能力和兴趣,自由地、无拘无束地进行多种探索活动。同时,在良好亲子关系的基础上,开展亲子科学游戏也是引导幼儿进行科学探究的有效途径。在此过程中,父母的参与、关心和引导可以激发幼儿的探索兴趣,并帮助他们获得一定的探究经验与科学常识。

(三)支持和引导幼儿进行科学经验建构

幼儿在组织来自外部的各种信息时,往往是在自身经验的基础上形成对世界的理解和自己的理论。

1. 抓住有利时机,提高幼儿的科学理解能力

家长应一方面提供科学活动的物质环境,使幼儿能在生活中充分运用多种感官接触材料,发现现象的产生与变化,获得各种信息。另一方面,从幼儿的视角和水平出发,分析幼儿已有经验与新挑战之间的距离,并为之搭建适宜的阶梯,促使其原有认知不断与新的现象、新的经验产生冲突,不断实现经验的重构与探究能力的发展。

2. 随时关注和鼓励幼儿进行探索与发现

家长应注重幼儿的科学实践过程,并在这一过程中有效培养幼儿的科学探究能力。

(1)家长应正确理解动手与动脑的关系

只有既动手又动脑的操作活动才能真正调动幼儿科学探索的积极主动性,家长要注意在幼儿遇到问题时等一等,让幼儿自己先思考;提供材料后要等一等,让幼儿自己先琢磨;得出答案时要等一等,让幼儿自己先总结。

(2)家长在必要时应提供适当的科学探究方法

幼儿很小的时候就开始使用类似科学的方法探索周围世界。但是,这种探索如果缺乏适当的引导,就只能是幼儿的一时兴起。家长应能够向幼儿提供丰富的生活经验和适宜的科学技能,才能有助于提高幼儿的科学探究能力。

3. 正确理解和改变幼儿的替代概念,提高其科学解释能力

家长一方面应鼓励儿童运用语言、身体动作、绘画、泥工、剪贴、角色扮演等方式表达对材料的感知与对探索结果的理解。另一方面,家长应适当呈现对替代概念的科学解释,并利用这一解释的机会帮助幼儿找到自己的理解与科学概念之间的差异,从而引导他们达到科学的理解。

(四)善于进行随机教育,培养幼儿的科学探究习惯

1. 充分利用家庭资源,随时进行科学教育

平日的家务劳动、周末外出游玩,甚至串门走亲戚,都可以渗透科学教育。同时家长应注意多让孩子自己观察、探索,并鼓励幼儿表达。家长可以结合幼儿园的科学教育,带幼儿进行各种参观活动,或进行家庭科技实验活动,或利用家庭生活用品进行科学解剖活动,或让幼儿进行有益的家庭劳动,鼓励幼儿根据自己的

需要自主寻找材料、自主制作或自主尝试等。

2. 选择适宜的科普读物,培养幼儿的科学探索习惯

为了增强幼儿理解和解决问题的能力,家长可引导幼儿阅读相关的科普读物,学会使用检索工具。当然,对幼儿来说,阅读不只是视觉的,也是听觉的,甚至是触觉的。因此,帮助幼儿阅读科普知识还包括带幼儿去公园玩、参观博物馆、看电视,甚至还包括选择具有科学探索意义的玩具,如有轮轴的机械玩具、不同尺寸的磁铁、放大镜、棱镜等,这将大大丰富幼儿的科学探索材料,促使幼儿形成良好的科学探索习惯。

(三)社区科学教育资源

社区作为社会生态微系统的一部分,是幼儿园开展科学教育活动的源泉,幼儿园所处的社区环境对幼儿的发展有着重要的影响作用。社区科学教育资源是指幼儿园所在社区可以被科学教育所利用的物力、人力、自然环境和社会设施。社区科学教育资源主要包括物质资源和人力资源。

1. 社区科学教育物质资源

社区的物质资源极其丰富,主要包括自然资源、设施资源,为幼儿园"走出去"开展科学教育活动提供了方便。

(1)自然资源。社区自然资源是指幼儿园所在地区的自然环境及部分人造环境,包括当地的地形、山川、湖泊、河流、海滨、土壤、农田、鱼塘、饲养场、森林、牧场、气候等,幼儿园利用社区自然环境开展活动,如开展感受天气和季节的变化,观察和探究植物、昆虫的变化等活动,既简单易行又能满足幼儿的兴趣和需要;还可以利用社区资源培养幼儿的环保意识与行为。

(2)设施资源。社区设施资源是指具有科学教育作用的社会机构、场所等,主要包括专门的科学设施和综合的公共设施。

① 专门的科学设施:科学设施如科技馆、博物馆、海洋馆、动物园、植物园、现代农业生态园等在科学教育中具有不可替代的作用。有些场馆中还会专门设立儿童活动的地方,例如,中国科技馆的"科学乐园"、上海科技馆中的"儿童科技园"等。

② 综合的公共设施:如超市、菜场、水果店、医院、银行、邮局、电信局、消防队、公园等,现代城市的道路、高架立交桥、高速公路、地铁、高铁等都是科学教育的重要资源,教师可以充分利用。

2. 社区科学教育人力资源

可以为幼儿园科学教育提供服务的人士,包括从事各种职业的人员等都是学前儿童社区科学教育的人力资源。具体有以下几类。

(1)技术人员。如木工、汽车驾驶员、园艺工作者、动物饲养员、鸟类观察者等专门技术人员。他们可以借助技术特长和知识经验,丰富幼儿的科学经验,启发、指导

幼儿进行探究活动。

（2）专业人员。如公司、工厂从事各种职业的人、医务工作者等，可以帮助幼儿园开展多种形式的科学教育活动，丰富幼儿园科学教育内容，提高幼儿园科学教育的水平。

（3）退休人员及热心人士。退休人员时间比较宽裕，经验比较丰富，对教师发展和幼儿的成长可发挥重要作用。有些社区热心人士愿意为幼儿园科技活动贡献力量。

（4）新闻编辑、图书馆工作人员。他们可以帮助教师提高阅读科学图书的水平，传授给幼儿丰富的科学知识经验，帮助幼儿提高图书阅读能力。

第二节　学前儿童科学教育资源的选择和运用

《3-6岁儿童学习与发展指南》指出，"幼儿的科学学习是在探究具体事物和解决实际问题中，尝试发现事物间的异同和联系的过程。""幼儿的思维特点是以具体形象思维为主，应注重引导幼儿通过直接感知、亲身体验和实际操作进行科学学习，不应为追求知识和技能的掌握，对幼儿进行灌输和强化训练。"在学前儿童科学教育活动开展的过程中，选择和运用合适的科学教育资源，可简化教师在教学过程中烦琐的语言说明，使教学方法更生动、灵活，提升教学效果；具体直观的科学教育资源也可激发幼儿的学习兴趣，促进幼儿综合能力的发展和提升。

一、学前儿童科学教育资源选择的原则

科学教育资源丰富多样，幼儿园科学教育资源的选择直接影响到科学教育的效果。具体选择和运用科学教育资源时，应遵循以下原则。

（一）目标性原则

幼儿园开展科学教育活动是为了实现特定的教育目标，而教育资源又是在教育活动中所运用的，因此教育资源的选择要有目标性，要为教育目标服务。教师需要结合科学教育目标，选择适宜的科学教育资源。如培养幼儿探究花卉植物的兴趣可以先带领幼儿参观植物园，再引导幼儿种植喜欢的花草。

在选择科学教育资源时，要考虑选择能带来最佳效果的资源。如认识水果最好选择真实的水果，使幼儿感到水果的外形特征和果实的味道；而认识动物可以先参观动物园，再结合图片、视频，了解动物的外形特征和生活习性，加深幼儿对动物的认识。

（二）适宜性原则

科学教育资源的选择要考虑是否适合学前儿童身心发展的特点。在摆放和布置材料物品时，要考虑幼儿的生理特点，不能放置太高，以便于幼儿观察或取放。为幼

儿准备的操作工具,必须要适合幼儿的年龄特点,适宜幼儿操作和使用。为幼儿请来的专家,讲述语言应是幼儿能理解的,切忌用艰涩难懂的专业术语。

(三)安全性原则

在选择材料的时候要考虑安全性问题,要能保证幼儿的安全和健康,不能给幼儿带来伤害。选择时应保证材料的清洁卫生,同时提供的实物应是安全可靠的,幼儿接触的玩具、物品、材料应经过消毒,保证安全性。幼儿园周围不能种植对幼儿有害的植物,幼儿养殖小动物时,要检查小动物是否有传染病,严禁饲养有传染病的动物等。

(四)因地制宜原则

选取科学教育资源,要结合幼儿园自身的特点和条件,在考虑本园幼儿的需要的前提下做到因地制宜。幼儿对自然物和自制玩具更感兴趣,应尽量选择幼儿园周边的自然环境和生活中的常见材料物品制成的玩具,幼儿才会更加愿意去操作和探究。

二、学前儿童科学教育资源运用的方法

《幼儿园教育指导纲要(试行)》明确指出:"幼儿园应与家庭、社区密切合作,综合利用各种教育资源,共同为幼儿的发展创造良好的条件。"同时还提出:"应充分利用自然环境和社区的教育资源,扩展幼儿生活和学习的空间。幼儿园同时应为社区的早期教育提供服务。"教师在开展科学教育活动时要有开发、利用资源的主动意识,要充分挖掘并利用家庭和社区资源。

(一)深入挖掘自然资源的教育功能

自然资源是社区资源的重要组成部分,为幼儿提供了认识和探究大自然的最好场所。社区的自然环境资源可以弥补幼儿园科学教育资源和材料的不足,教师利用自然环境中的真实物质和现象开展活动,幼儿可以直接观察认识大自然,产生对大自然的探究兴趣和热爱之情。如教师在开展认识季节的科学活动时,可以利用社区中的自然资源,而不局限于用图片、视频进行教学。春天来到的时候,教师组织幼儿观察社区的花草树木,引导幼儿用眼睛去看,用鼻子去闻,用手去触摸,通过直观的方式感受春天大自然的变化。在"美丽的春天"的主题活动中,教师可以带领幼儿到社区的公园,公园里有各种树木花草,幼儿能观察到春天的景色。通过观察,幼儿不仅发现了树的高矮、粗细不同,还在捡落叶的过程中发现了树叶的形状、大小各不相同,甚至捡来的树叶还能用来制作粘贴画等。自然资源的利用不仅丰富了科学教育的内容,而且可以促进幼儿综合能力的发展。

(二)充分发挥人力资源的教育合力作用

社区和家庭的人力资源是幼儿园科学教育不可忽视的力量,教师需深入挖掘合理运用,使其与幼儿园教育相互配合,形成教育合力。社区人力资源既包括社区街道、商店、邮局、银行等场所的工作人员,也包括社区内的幼儿家长等。教师要合理利用人力资源,提高活动效果。如开展"观察春天的花卉"活动时,幼儿提出了许多问题,教师记下幼儿提出的问题:"春天到了,为什么有的花开了有的没有开?""为什么

迎春花先开花,而有的花却是先长叶子?"等。教师可组织专门的科学活动,请在绿化单位工作的家长对幼儿的问题进行解答,丰富幼儿的经验。

幼儿园应该以家长资源为主阵地,通过举办家长会、专题讲座,有目的、有计划地向家长宣传学前儿童科学教育的重要意义,使家长能够主动为幼儿园开展科学教育活动提供更有效的资源。在开展家园亲子活动、家长开放日活动等时请家长参加志愿者活动,为幼儿园科学教育提供支持与帮助。

(三) 开发利用社区设施资源的教育价值

社区中的各种公共设施,如银行、超市、邮局等也是值得开发与利用的资源,各种资源在科学教育活动中的教育价值是不同的。以主题活动"我们的城市"为例,选择超市、电器商场、菜场等场所,挖掘其中可以利用的科学教育资源,开展科学教育活动。如教师可以带领幼儿到超市,引导幼儿在购物过程中观察超市出售的各种物品,认识各种物品,在亲身体验中知道超市的购物形式,货币交换概念等,还能发展幼儿语言表达能力,扩展经验。

幼儿园应充分挖掘和利用社区中的物质资源和人力资源,并将其转化为社区幼儿科学教育资源,拓宽幼儿园科学教育活动开展的空间,更新幼儿园科学教育的方法和途径,充实幼儿园科学教育的内容,使幼儿在主动探究的过程中不断发现问题、解决问题,获得真切的科学体验,初步形成科学精神。

课后思考题

1. 简述学前儿童科学教育资源的类别有哪些。
2. 简述科学教育资源综合选择的原则。
3. 简述科学教育资源综合利用的方法。
4. 在教师组织下,按要求开展调查某幼儿园所在社区的物力资源和人力资源的活动。调查结束后,整理资料完成调查报告。

第九章　学前儿童科学教育评价

1. 理解学前儿童科学教育活动评价的内涵及功能。
2. 掌握学前儿童科学教育活动评价的内容。
3. 掌握学前儿童科学教育活动评价的方法。

情境导入

下午,徐老师在小班开展了"你能让纸发出声音吗?"的科学活动,介绍完这个活动后,她给每名幼儿发了一张纸。萱萱拿到纸就把纸甩来甩去,一边甩一边大声说:"有声音了!"与他同组的大部分幼儿看到他这样,也把纸甩来甩去。但甜甜没有这样做,她把纸平放在桌上,将手掌放在纸上,尝试把纸抓住,但是抓不起来。她又把纸拿在手上,用另一只手从一边开始慢慢地团,在团的过程中把耳朵贴近纸去听声音。当纸变成一个巴掌大小的纸团时,她把纸团握在手上,用力攥紧纸团,又把耳朵贴近纸去听声音。接着,她把纸团慢慢展开,在展开的过程中依然将耳朵贴近纸去听声音。甜甜一直没有说话,她不断重复揉纸团、展开纸团的过程,全程将耳朵贴近纸去听声音,直至活动结束。

思考:在这个案例中,教师可以用什么方法将甜甜探究让纸发出声音的整个过程记录下来?这个活动反映出小班幼儿在科学探究中的什么特点?

第一节　学前儿童科学教育评价概述

一、学前儿童科学教育评价的内涵

学前儿童科学教育评价是以学前儿童科学教育为对象,根据一定的标准,采取科学的评价技术和方式、方法,对学前儿童科学教育的现象及其效果进行测定、分析,做出价值判断的过程。学前儿童科学教育评价是学前教育评价的一部分,是对与学前科学教育活动有关的各个方面进行科学的价值判断过程。评价主体既可以是教师、家长,也可以是其他人;评价内容既可以是学前儿童科学教育活动,也可以是教师教学能力、幼儿科学认知能力,如评价教师教学方法,评价幼儿科学知识、态度与能力等;从评价的方法看,既可以采用定量的方法,也可以采用定性的方法。

二、学前儿童科学教育评价的基本理念

学前儿童科学教育活动的评价者在收集信息、判断评价的过程中,其所持的价值取向、所关注的评价重点、所依据的评价标准有所不同,就会表现出不同的评价理念。学前儿童科学教育评价的理念是对学前儿童科学教育评价的本质认识,支配着评价的整个过程。《3-6岁儿童学习与发展指南》强调,学前儿童科学教育要激发幼儿的探究兴趣,引导幼儿体验探究过程,发展幼儿初步的探究能力,注重引导幼儿通过直接感知、亲身体验和实际操作进行科学学习。因此,学前儿童科学教育评价应遵循以下几个基本理念。

(一) 评价目标多元化

学前儿童科学教育评价应以学前儿童科学教育目标为依据,衡量教育成效的标准是目标能否实现。评价者应以全面的视角对待评价工作。评价工作不是对某一项目标进行鉴定,而是要明确教育活动各个方面的价值和意义,从多元的角度确定评价目标。例如,《3-6岁儿童学习与发展指南》将学前儿童科学教育的目标分为"亲近自然,喜欢探究""具有初步的探究能力"与"在探究中认识周围事物和现象"三个方面。可见,学前儿童科学教育评价应将幼儿情感态度的发展放在首位,同时关注幼儿探究能力的发展以及科学知识经验的获得。

(二) 评价过程动态化

《幼儿园教育指导纲要(试行)》指出:"评价应自然地伴随着整个教育过程进行。综合采用观察、谈话、作品分析等多种方法。"学前儿童科学教育评价不应只关注结果,更应关注幼儿参与科学学习的过程,有机地将总结性评价和形成性评价结合起来,采用先进的评价手段和多种评价方法对幼儿的行为表现和发展变化进行全面的了解与评价。

(三) 评价主体多样化

《幼儿园教育指导纲要(试行)》指出:"评价过程是各方共同参与、相互支持与合作的过程。"学前儿童科学教育评价应改变单一的评价主体的现状,让幼儿园管理人员、教师、幼儿及其家长等评价主体参与到评价中来。多主体评价的方式强调由不同的评价者对评价对象进行评价,可以防止评价者因价值取向差异而导致评价结果的偏差,进而得出全面、准确的评价结论。在学前儿童科学教育活动中,教师和幼儿是平等的主体,都对活动的评判拥有发言权,评价的过程应是教师、幼儿进行沟通交流的过程,而不是教师单方面对幼儿进行鉴定的过程。

(四) 评价客体差异化

评价者在进行教育评价时,不应"用一把尺子衡量所有幼儿",应根据具体的对象和活动的情境进行具体分析和判断,从而得出有价值的评价结果。学前儿童科学教

育评价要注重客体的差异性,不仅要关注教育活动情境的差异性,还要关注教师的个别差异性,更要关注幼儿的个别差异性。只有在这些差异的基础上进行评价,才能使评价更有价值。

三、学前儿童科学教育评价的功能

(一)导向功能

导向功能主要是指评价本身所具有的引导评价对象朝着目标前进的功效与能力。用不同的评价标准对学前儿童科学教育进行评价,会导致学前儿童科学教育产生不同的结果。因此,评价的导向功能实际上是由评价的标准决定的。当前学前儿童科学教育评价应该以《幼儿园教育指导纲要(试行)》和《3-6岁儿童学习与发展指南》为依据,制订各类评价标准,使评价发挥符合学前儿童科学教育改革方向的导向作用,从而正确引导教育实践,促进科学教育目标的实现。

(二)诊断功能

诊断功能主要是指对学前儿童科学教育活动的各个要素进行科学的诊断,检查活动的各个方面是否达到预期的目标或目标的实现程度如何。诊断功能是由教育评价本身决定的,这种诊断功能往往可以为教育决策提供所需的资料。概括来讲,教育评价是为了对教育活动的方式、方法等进行补救与改善,其诊断的结论不是评价的归宿,而是开展后续教育的起点,通过诊断,可以为制订下一阶段的教育目标提供依据,可以及时了解存在问题的症结,以便有针对性地改变策略和方法,促进幼儿的学习。学前儿童科学教育评价能够将教师的"教"和幼儿的"学"融为一体,并借此改进教学活动,保证教与学的平衡;同时,它又打破了这种平衡,在"打破"中改善教师的"教"和幼儿的"学",促进教育和学习任务的完成,从而建立新的平衡。也就是说,学前儿童科学教育评价能够促进教学与学习形成"不平衡—平衡—不平衡—平衡"的良性循环,推动学前儿童科学教育的发展。

(三)激励功能

激励功能是指学前儿童科学教育评价所起到的对评价对象内驱力的激发作用。这里的评价对象包括学前儿童科学教育工作者和幼儿。心理学研究表明,需要是激发人的意志活动的基本因素,科学的教育评价反映了评价对象的基本需要。评价结果无论是肯定还是否定,都会成为教育工作者改进教育方法的强烈动机,推动他们更努力地完成教育工作。评价结果对幼儿的激励功能则更为明显和直接。教师的评价会直接影响幼儿后续的学习兴趣和学习行为,尤其是积极的、正面的评价,往往会促使幼儿对科学学习产生更大的兴趣和更持久的动力。

(四)调节功能

调节功能主要是指评价对学前儿童科学教育的的控制和改进作用。调节功能体现在学前儿童科学教育过程之中。评价者按预先设定的评价目标进行评价,从不同的角度获得各种反馈信息,通过分析和研究这些反馈信息,发现学前儿童科学教育中存在的问题;通过价值判断,有针对性地采取相应的措施,调节学前儿童科学教育的过程,从而有效地改造价值客体,使之更加符合价值主体的需要,促进被评价者调整自己的行为,达到既定的目标要求。

第二节 学前儿童科学教育评价的内容

在确立学前儿童科学领域发展的评价指标时,如果以学前儿童掌握知识的多少做标准,将影响学前儿童在科学领域的学习与发展,从而贻害于终身发展的长期目标和教育价值。相反,如果以学前儿童的学习经验和发展程度作为评价的标准,将促进学前儿童渴望学习和学会学习,进而指引学前儿童在科学领域发展的方向和推动科学教育目标的实现。因此,学前儿童科学教育评价的内容涉及各个不同的方面与角度,根据评价对象的不同,主要包括对学前儿童科学教育活动的评价与对学前儿童发展的评价两大部分。

一、对学前儿童科学教育活动的评价

对学前儿童科学教育活动的评价相当于传统意义上的课程评价,也就是从整个活动的角度,对学前儿童科学教育的实践进行整体性的评价,以判断其价值和效益。学前儿童科学教育活动的评价具体包括对学前儿童科学教育的计划、目标、内容、实施过程、环境与材料的创设和使用以及活动过程中师幼关系的综合评价。①

(一)对科学教育计划的评价

学前儿童科学教育计划包括全园科学教育计划、各年龄班科学教育计划、各班学期(月、周)科学教育计划和科学教育活动计划等。无论哪种科学教育计划,都可以从以下几方面进行评价:

第一,计划是否体现我国的教育方针和正确的教育思想,体现学前儿童科学教育的总目标;计划能否贯彻全园、全班教育计划以及课程计划的精神与要求。

第二,计划中能否根据上一阶段科学教育的不足之处,提出本阶段科学教育的任务、要求,体现出连续性和渐进发展性。

第三,计划中是否分析了本班幼儿的具体情况,所提的科学教育目标是否符合其年龄特点和实际水平。

第四,计划中是否包括了全部的科学教育活动(专门的科学教育活动和渗透的科学教育活动),是否规定了重点培养的要求,以及有关个别幼儿的教育内容,是否考虑与家庭教育取得配合。

第五,计划中是否提出了完成科学教育目标的具体措施和方法,并对所采取的活

---

① 张俊.幼儿园科学教育[M].北京:人民教育出版社,2004:312-314.

动形式及完成计划的日期做出明确规定。

第六,计划中是否能考虑到科学教育的特点及与其他领域内容的整合。①

 **案例分享**

某幼儿园科学教育学期计划

一、每月工作安排

1. 每月提炼一个较高质量的生活化的集体科学教育活动。

3月份:实践一个以"人的身体"为素材的集体科学教育活动(大班)。

4月份:实践一个以"纸"为素材的集体科学教育活动(大班)。

5月份:实践一个以"瓶子"为素材的集体科学教育活动(小班)。

6月份:实践一个以"水果"为素材的集体科学教育活动(大班)。

2. 每月提炼三份生活化的科学区域方案及教学案例,大、中、小各一份。

3月份:设计以水为操作材料的区域方案。

4月份:设计以纸为操作材料的区域方案。

5月份:设计以瓶子为操作材料的区域方案。

6月份:收集源于生活中的素材所设计的教学案例。

二、具体措施

1. 以幼儿生活为来源、兴趣为基础、发展为依据选择科学教育内容,以幼儿的社会生活为基石,抓住幼儿身边的物和事来组织活动。依据各年龄段科学教育目标和幼儿身心发展特点,将科学教育渗透于主题活动、游戏活动和区域活动、家庭亲子活动等中,形成小、中、大班科学教育内容系列。

2. 围绕科学教育主题,投放和不断丰富班级活动区材料。引发幼儿的观察、探索、研究操作;提供一个科学实验室,其中包含许多幼儿在探索过程中可能用的到的专门操作材料,如显微镜、天平、试管等;创设并不断丰富图书阅览室,收集一些百科全书。

3. 在幼儿现实生活的真实情景和日常生活中引导幼儿多观察,多提问,引导幼儿大胆地思考假设、在生活的现实情景中去自主探究;支持鼓励幼儿大胆提问;接纳幼儿不同的见解探究方式和发现途径;给予激励性的评价;引导幼儿用不同的方法记录他们探究的过程和结果;鼓励幼儿间的交流和分享,引导同伴间的合作学习。

4. 充分利用社区和家庭资源,倡导家长们在家庭生活中多鼓励幼儿积极大胆地对自己的问题和猜想加以验证,使幼儿不由自主地把已有的知识储备与实际生

---

① 施燕.学前儿童科学教育与活动指导[M].上海:华东师范大学出版社,2014:191.

活有机地结合起来,使探索更贴近生活。

评价:该园科学教育学期计划紧紧围绕《幼儿园教育指导纲要(试行)》教育理念及"科学领域"的教育精神与要求,同时设计了针对该园小中大班所有幼儿的各种类型的科学教育活动,最后充分利用社区和家庭资源,形成具有该园特色的生活化的幼儿园科学教育课程。

(二) 对科学教育目标的评价

学前儿童科学教育目标蕴涵着不同阶段和不同性质的科学教育活动的价值,是学前科学教育总目标逐步实现与完成的载体,它可以为学前儿童科学教育内容和教学策略的选择以及实际的组织、实施和评价提供必要的依据。因此,在对学前儿童科学教育的目标进行评价的时候,应当考虑以下五个方面:

第一,所制订的目标是否适宜学前儿童在知识经验、探究技能与情绪情感三方面的全面发展。

第二,所制订的目标是否与《3-6岁儿童学习与发展指南》《幼儿园教育指导纲要(试行)》的要求相吻合。

第三,针对不同年龄阶段、不同发展水平的学前儿童,所制订的目标是否具有一定的连续性与层次性。

第四,所制订的目标难度是否符合学前儿童的已有知识经验和能力。

第五,所制订的目标是否具有一定的动态性、是否可以有效协调预设与生成的关系。

例如,在《小班科学活动:罐子的秘密》中,其活动目标如下:

活动目标:

1. 帮助幼儿操作和探究罐子,喜欢科学探究活动。
2. 知道不同的物体能发出不同的声音。

评价:这个活动目标的定位与描述是不准确的。首先,目标定位的角度混乱,第一条是站在教师的角度来定位,第二条是站在幼儿的角度来定位,一般来说,一个活动目标的定位出发点要一致,要不就从教师角度,要不就从幼儿角度,为了更好地突出幼儿对科学的主动性和探究性,一般都是站在幼儿发展的角度来提具体的活动目标。其次,该活动目标层次不完整,有了认知目标和情感目标,但缺少技能方法方面的目标,在学前儿童科学教育活动中,幼儿的科学探究方法很重要,同时科学教育活动过程中的表达和交流能力也很重要,因此第一条活动目标可以调整为:需要运用多种感官(看一看,摸一摸,摇一摇,敲一敲,听一听等)和动手操作比较发现罐子的秘密,并能乐于表达自己的观察和操作发现。

(三) 对科学教育内容的评价

学前儿童科学教育的内容是学前儿童科学教育目标实现的载体,它的设计与组织实施是为目标而服务的。同时,学前儿童科学教育的内容又源于幼儿的生活,是为满足幼儿的能力、兴趣和需要而设置的,并在一定程度上协调了幼儿与社会、幼儿与学科知识的矛盾,综合反映了幼儿身心发展的规律、社会的要求、学科知识的更新。在对学前儿童科学教育内容进行评价过程中应当注意以下两个方面。

第一,内容是否具有科学性。学前儿童科学教育内容的选择与组织要做到因材施教,对处境困难的幼儿和普通幼儿应采取不同的干预方式;课程内容在呈现形式上、难度上要依据科学领域的逻辑因时因地展开。

第二,内容结构是否合理。一方面,要处理好国家课程、地方课程、园本课程的关系,充分发挥国家课程的主导作用,但也不能忽视园本课程的辅助、提高作用;另一方面,要协调好领域与活动、知识与游戏的关系。由于幼儿园课程内容的特殊性,可以适当加大游戏、活动的比例,发挥游戏与活动的"益智"作用。

(四) 对科学教育实施的评价

学前儿童科学教育的实施是把学前儿童科学教育活动的设计从理念转换为实践。但是,在实际的操作过程中,教师应根据本班学前儿童的特点和探究过程对活动设计进行调整,设计只是提供一个框架,而实施则更多的是进行生成。因此,对学前儿童科学教育实施过程的评价,主要包括以下几个方面:

第一,活动过程是否紧凑、流畅、有层次。评价过程的几个环节和层次的顺序是否能体现层层递进、环环相扣、相互衔接。

第二,活动过程中的重点、难点环节的把握和分析是否得当。评价活动过程中哪个环节是活动的重点,哪个环节是活动的难点,并能在时间安排、教师指导等分析如何突破活动重、难点。

第三,活动过程中的方法和组织形式是否灵活多样。在开展活动的过程中应尽量让每个幼儿都动手动脑探究问题,并应力求通过集体、小组、个别活动相结合的方式来组织科学活动。

第四,活动材料的选择和呈现是否紧紧围绕每个环节的实际需要。活动过程中材料种类应尽可能地做到多样化,并保证材料的充足性,以满足幼儿的探究需要。此外,材料的投放应当采用分层分次的方式。

第五,活动过程中师幼互动关系是否融洽。评价过程中教师能否给幼儿创设轻松的探究环境和氛围,能否鼓励每个幼儿积极参与探究活动并大胆表达;能否尊重幼儿的意愿、重视幼儿之间的个体差异;能否不断调整自己在活动过程中的作用,如有时是材料的提供者,有时是活动的参与者,有时是指导者,有时是旁观者,有时又是幼儿活动的合作者。活动过程应切实保证幼儿是科学探究活动的主体,是积极主动参与活动而不是被动参与,在整个过程中是愉快而富有创造性的。

二、对学前儿童发展的评价

学前儿童发展的评价是以学前儿童为对象的评价。学前儿童发展评价的根本目的在于诊断上一阶段教育教学工作中存在的问题,并在下一个阶段的教学过程中加以改进,以促进每个学前儿童的全面发展。如前所述科学教育过程中学前儿童发展的评价包括科学知识和经验、科学探究能力、科学情感和态度三个方面。

(一) 对科学知识和经验的评价

对学前儿童已有的科学知识和经验进行评价主要包括两个部分:一是对幼儿在过去的日常生活中已经形成的知识经验的评价;二是对幼儿在特定的科学教育活动中是否获得了教育目标所期待的科学经验的评价。

有效的教育活动应当是基于已有的知识经验,而教育基于经验就意味着必须关注幼儿的过去,即幼儿过去有什么样的经验,在那些经验的基础上形成了什么样的理论。这些原有经验与理论未必总是正确的,但它在科学知识和经验的形成过程中的作用是至关重要的。在对原有经验进行评价时,主要可以通过两种方式获得相关信息:一种是注意幼儿的自发性的问题与活动;另一种是通过创设与教育内容相关的问题或情境,从幼儿的回答与反应中对其现有的认知水平形成一定的了解。

学前儿童是否获得与活动内容相关的科学经验,是否在感知经验基础上形成初级的科学概念是对学前儿童科学知识和经验进行评价的重要部分。一方面可以从他们的言语中去判断;另一方面则可以通过间接的方式,如收集他们的作品、进行有计划的测量等方式进行了解。

(二) 对科学探究能力的评价

对学前儿童科学探究能力的评价主要是评价学前儿童探索周围世界和学习科学的技能与方法的发展水平。在科学活动中,幼儿所表现出的科学探究能力包括善于运用多种感官;掌握观察的方法,学会有顺序地观察;能够对一些物体进行比较、分析、抽象与概括;能够在一定时间内专注地观察、比较,遇到问题积极思考;能用简单的方式方法记录探索与发展变化的过程;掌握简单的分类和测量方法;能够用语言、体态、绘画、塑造等手段表达交流科学发现;思维活跃,能大胆创新等。表9-1对幼儿在科学活动中所表现出的探究能力的熟练程度做了划分。

表9-1 科学活动过程中的探究能力熟练程度指标①

观察	观察辨别物体 运用多种感官 运用所有合适的感觉 确切地描述性质 进行定性的观察 进行定量的观察 描述物体的变化 描述相似物体的不同点

---

① 大卫·杰纳·马丁.建构儿童的科学探究过程导向的科学学教育[M].杨彩霞,于开莲,洪秀敏,等译.北京:北京师范大学出版社,2006:260-261.

(续表)

分类	辨别物体所具有的可用于分类的主要特性 辨别总体中所有物体所具有的共性 准确地分成两组 准确地按照不同的方法分类 形成亚组 建立自己的分类标准 提供合理的分类原因
交流	准确地描述物体 确切描述，以便他人能识别未知物 用口头或书写的方式向他人准确地传递信息 用语言表达想法 准确和完整地描述事件 提供结论的合理解释 用合乎逻辑和可以理解的方式描述自己的观点
测量	选择恰当的测量类型（长度、体积、重量、时间） 选择恰当的测量单位 正确运用测量工具 恰当运用测量技术 恰当运用标准和非标准测量 通过恰当的测量来探索物体的数量差异
预测	形成相似事件的模式 扩展相似事件的模式 调查前进行预测 进行简单的预测 在恰当的情境中使用预测过程 呈现预测的合理原因 进行实验以验证预测的正确性
推断	运用所有信息作出推论 避免捏造信息以支持推论 描述观察到的物体和事件之间的关系 从不恰当的信息中分离出正确的信息 呈现出解释推论的合理原因 在恰当的情境中运用推断过程 正确地解释图和表
识别和控制变量	识别可能影响研究结果的因素 识别可以控制的变量 识别不容易被控制的变量 描述使不可控变量保持恒定的程序
形成假设	建立对某一难题或问题的假设 阐明自己的问题假设 说明解释假设的合理原因

(续表)

下操作定义	判定一个变量能否被很容易地测量 认识下操作定义的需要 确定如何根据操作定义测量变量 表述被测量的变量和操作定义之间的逻辑联系
解释数据	确定所需要的数据 确定测量所需数据的方法 收集有用的数据 运用数据表 建立自己的数据表 建立并解释图表 对数据作出合理的解释
实验	遵循实验的步骤 形成研究问题的多种可选方法 恰当地操作科学材料 进行试误研究 确定自己的实验程序 形成有效的结论
建立模型	区别模型和实物的不同 确定建立模型的适宜需要 根据实物解释模型 发展适宜的模型

(三) 对科学情感和态度的评价

由于科学已渗透到现代社会和技术的所有方面,因此发展学前儿童对科学的积极态度非常重要。学前儿童可以通过许多间接的方式表现出他们对科学的态度,对学前儿童科学情感和态度的评价主要是评价儿童对周围世界的好奇心、学习科学的兴趣、尊重客观事实的科学态度、乐于思考创新和合作交流的习惯以及关心、爱护自然和环境的积极情感等。例如,在科学教育活动中,幼儿对周围环境中的新异刺激产生惊讶并做出积极反应;对自然界和科学活动感兴趣,喜欢观察、探索自然界,积极参与科学活动并在科学活动中表现出愉悦的情绪状态;关心大自然,爱护、保护动植物与周围环境。

具体来说,积极态度的具体表现形式主要有:运用额外的时间进行科学探究;认为科学是有趣的、令人兴奋的和感兴趣的;用语言表达对科学的好奇;将校内的科学活动延伸到校外;自愿参加校外的科学活动;参观博物馆、植物园和其他科学性场所;寻找科学方面的额外工作;在维护班级科学中心、照料植物和动物的过程中扮演积极角色;选择观看与科学相关的电视节目;玩与科学相关的棋盘游戏或电脑游戏;阅读与科学相关的书籍和其他印刷材料;在家里参加与科学相关的活动[①]。

除此之外,教师对学前儿童的合理评价能鼓励幼儿更加清晰地认识自己,并大胆想象,在一个轻松和谐的环境氛围中,积极主动地参与到科学教育课堂教学活动中,主动积极地表述自己的想法意愿[②]。在评价的过程中,幼儿教师应注意以下几点。

第一,教师评价既要注重学前儿童活动的结果,还要关注活动过程的评价。教师在科学教育课堂教学活动中,不仅要评价学前儿童的科学活动成果,还要评价学前儿童认真探索科学奥秘的精神等。因此,学前儿童科学教育活动不仅要鼓励幼儿探索科学知识,还帮助他们形成科学的逻辑思维,对科学产生积极的兴趣。

第二,教师评价注重语言和非语言的评价。在科学教育活动中,教师既要要用"你真棒""回答非常正确""你真聪明"等肯定性的语言评价,还要配合非语言的评价功能,例如"微笑""抚摸""拥抱""点头"以及"击掌"等都能激发幼儿探索科学的热情。

第三,教师评价要尊重幼儿的答案。教师不能仅仅关注幼儿回答的答案是否和教师心中预设的答案相同,还要鼓励幼儿的发散性思维。如果幼儿的回答和正确答案有出入,但幼儿的答案是其发散性思维的结果,那么,教师要抓住教育的契机,对幼儿适时地鼓励肯定。

第三节 学前儿童科学教育评价的方法

学前儿童科学教育评价是一项科学的系统性工作。尽管根据评价内容的不同,所采用的评价方法各异,但重点都是要收集详细、全面的评价资料,并进行科学、合理的解释,进而做出客观公正的价值判断。当前幼儿园常见的科学教育活动评价方法有观察法、访谈法、问卷法、作品分析法等。

一、观察法

观察法是对学前儿童科学教育活动进行全面或重点的观察,掌握第一手信息,并进行记录,以便进行分析、反思、判断的方法。观察者一般会借助感官或其他用于观察的辅助仪器,在自然或准自然的状态下对评价对象进行系统考察,并客观、真实、详尽地记录活动的整个过程。观察法是一种基本的评价方法,具有自然性和直接性的特点,特别适用于学前儿童。幼儿园教育评价中常见的观察法有以下几种。

(一) 轶事记录法

轶事记录法是在自然状态下,评价者或者教师自己详细记录教师、幼儿在某个特

[①] 大卫·杰纳·马丁.建构儿童的科学探究过程导向的科学学教育[M].杨彩霞,于开莲,洪秀敏,等译.北京:北京师范大学出版社,2006:268.

[②] 宋雪雁.幼儿园科学教育课堂教学活动问题及对策研究——以西安市 A 幼儿园为例[D].陕西师范大学,2013.

定的科学活动中的完整过程并做出评价的方法。在观察前,观察者需要明确想要观察的行为或者事件的类型,在观察时只需要等候这些行为或事件的发生就可以了。这种记录法的优点是,能全面详实地收集活动信息,全面反映教师、幼儿和活动本身的问题。但轶事记录法对观察者的要求比较高,没有现成的记录表格,完全是事件发生时的速记。以下是对某大班幼儿在区角活动中自主探索的记录和评价:

5岁4个月的松松在结构区用纸卷了两个长短不一致的桥墩,把用积塑插成的桥面放在桥墩上,桥塌了。他又试了两次,桥还是塌了。松松停了下来。拿起桥墩看了看,又竖着比了比。他站起身,左右瞧瞧,最后目光停在了明明搭的桥上。一会儿,松松举手对老师说:"高老师,我想要纸杯子。"松松将老师给的一次性纸杯排起来,再把桥面小心地放上去。这一次,桥没有塌。

评价:在本次区角活动中,幼儿遇到困难,老师并没有急于帮他解决困难,而是耐心等待,给予他充分思考和探索的空间。幼儿通过试误和观察,发现了桥塌的原因,并通过借鉴别人的经验和向老师寻求支持解决问题。在自主探索、克服困难的过程中,幼儿解决问题的能力得到了发展。

教师在日常工作中通过轶事记录的评价方法,日积月累,能掌握丰富的活动资料。例如,学前儿童一日生活中经常会表现出各种科学探究行为,或者提出各种问题,教师如果能及时把这些事件详细记录下来,就可以了解幼儿对周围的哪些事物比较感兴趣,他们提出了哪些问题,他们是怎样探索的,哪些幼儿更富有科学探究精神。以下是某中班男孩在"宝贵的土壤"活动中科学探究行为的记录和评价:

教师把幼儿带到户外长堤上,让每个幼儿寻找土壤里有什么。一个幼儿发现了一只小小的西瓜虫,于是他把西瓜虫捡起来,放在手心里,一会儿看看远处老师和小朋友,一会儿看看自己手心的西瓜虫,但是没有把自己的发现告诉别人,也不再寻找土壤里的东西。在集中谈话时,他对老师提出的问题没有反应,一心注意自己手中的西瓜虫,虫子在他的手里慢慢爬动起来,当西瓜虫快要爬到手掌边时,他马上用另一只手接过来。这时老师开始注意他的举动,走到他面前,终于知道了他的发现,就对他说:"等一会儿,把西瓜虫放到班上的自然角,好不好?"他点点头,依然低头照看他的西瓜虫。

评价:从以上事件记录中,可以具体看到儿童的探究行为,他的发现、兴趣和态度等。

(二) 行为检核法

在观察评价对象之前,我们可先依据评价的项目来确定观察的行为目标,并制成一份行为观察检核表,将要观察的行为列入表中。在实际观察时,只需要对照检核表的各个项目进行逐条检核,并在符合的条目上做记号即可,但这些条目的设定必须反映出要评价的内容,具有代表性才行。在使用中,行为检核可以通过现场观察和记录进行,也可以通过向幼儿提问指定问题的方式进行,记录幼儿对问题的行为反应并做出评判。例如,在饲养区放了一只小羊与一只小鸡,观察儿童对它们的行为反应,同时用行为检核表记录儿童的行为,见表9-2。

表 9-2　幼儿行为检核表

行为	幼儿1	幼儿2	……
从远处看			
从近处看			
用手抚摸			
语言引逗			
模仿动物			
喂食			
主动和同伴谈论			
说出小动物特征			
发现小动物不同			
显露高兴的表情			
其他表现			
备注			

注：在出现的行为上打"√"，表中未提到的行为补充在备注栏。

（三）情景观察法

情景观察法就是由评价者创设一个特殊的情景，将评价对象置于其中，通过观察和记录评价对象在该情景中的行为反应，来获取评价资料。情境观察能够测量幼儿发展水平的不同层次，在有控制的情境里，排除一些无关因素的干扰，观察的效果较好。但情境观察需要花费较多的时间和精力，观察到的也是一些外部行为表现，记录观察的行为在往会忽略细节，从而带有观察者的主观意识。例如，研究者运用情境观察的方法，评价幼儿好奇心的发展。在评价过程中，设计了一个情境，让幼儿置身于新异刺激的环境中，观察幼儿在其中的行为反应，并做出评价。具体的方法是：向幼儿演示一种新奇的玩具（根据教师了解，幼儿平时没有见过这种玩具）。当幼儿明确了所见到的现象以后，教师就问他："如果你想玩的话，那你就玩吧。你想怎么玩就怎么玩。"如果幼儿明确表示不想玩，则说明他对新异的刺激没有好奇心，记零分。如果幼儿想玩，则观察其在规定时间（5分钟）内的探索行为并予以评分。如果幼儿在5分钟之内提出不想玩了，也可根据其在这一段时间中的表现予以评分。评分的项目及权重如表 9-3 所示（满分为 20 分，每项 5 分）。

表 9-3 情境观察、项目评价表

项目	好(5分)	中(3分)	差(1分)	无(0分)
探索时间	在规定的5分钟时间内一直探索,直至观察者让其停止	探索行为坚持3分钟以上	探索行为维持1分钟以上	不愿意探索
探究动作	明确表现出探究和解决问题的行为	表现出不同的探究动作	探究动作很少或单一	无探究动作
言语表现	有较多语言伴随其问题及发现	有较多语言	有少量语言	无言语表现
所提问题	能主动提出问题,或在教师询问时能提出两个以上和探索对象相关的问题	在教师询问时能提出两个和探索对象相关的问题	在教师询问时能提出一个和探索对象相关的问题	没有提出问题

二、访谈法

访谈法又称谈话法,是指评价者通过直接与评价对象进行语言交流来获得评价资料的一种方法。由于访谈得来的资料难以标准化,而且访谈法费时费力,很难取得大样本的资料,过去很少用它作为收集评价资料的主要方法,一般只用来验证采用其他方法收集到的资料的真实性,或者补充其他方法收集到的资料的不足之处。近年来,由于质性研究的逐步深入,访谈法也渐受推崇。

访谈者在进行访谈前要事先做好详尽的访谈提纲,其中包括访谈的顺序、问题等材料。访谈者只有在熟悉访谈内容的前提下才能进行访谈,这个过程对访谈者的素质要求较高,访谈者要具备较高的语言能力、敏锐的洞察力和应变能力,还要善于倾听和理解受访对象,并能根据访谈的状况来适时地改变访谈方法和谈话节奏。访谈过程中的问题要适量,应避免提出与主题无关的问题。

访谈法对于教师、家长、幼儿都很适用。相对于其他方法来说,这是让幼儿感到比较轻松的一种方法。访谈一般在比较平等、宽松的氛围中进行,便于访谈者了解幼儿真实的想法。所以,在学前儿童科学教育活动评价中,应充分利用访谈法获取评价资料。

例如,教师以"报纸是否可以在水中溶解"为主题展开随机访谈[1],访谈记录如下:

教师:为什么报纸在水中可以溶解呢?

东东:(报纸)它变成纸浆了。

教师:纸浆在哪儿呢?

东东:纸浆看不清楚,就像白水一样,报纸能在水里溶化。

---

[1] 张单丹.科学区角中大班幼儿科学观察行为的研究[D].内蒙古科技大学,2021.

教师：那我怎么看见水里还有报纸呢？

东东：因为它本来很长，所以现在变短啦。

教师：很长变短，所以溶化了，是吗？

由此看出，幼儿认为只要事物在水中发生与原本不同的变化就属于溶解，而没有真的理解"溶解"的意思，同时也将"溶化"和"溶解"混为一谈。

三、问卷法

评价者可以向评价对象发放问卷，广泛收集信息，通过对获取信息的分析对评价对象作出评价。问卷法不受空间的限制，能在短时间内获得更多的资料。编制问卷是应用该方法的关键，问卷包含一些符合评价目的的问题，通过这些问题的回答，评价者就能做出评判。在幼儿科学领域的发展评价中，使用问卷法一般是为了向家长和教师了解本班或本园幼儿在园内和家庭中的科学领域行为表现，为评价提供信息；在教师科学活动指导效果的评价中，使用问卷法一般是幼儿园管理者为广泛收集教师的科学教育理念及行为的信息，并对此做出评价。例如，研究者为了解幼儿园教师科学领域教学知识现状、来源途径以及影响因素[①]，采取问卷法，问卷部分内容如下：

1. 教学前，您是否能预测幼儿对某一科学主题内容的掌握程度，以及幼儿易于或难于掌握的知识有哪些(　　)。

　　A. 全部能预测　　　　　　B. 一般能预测

　　C. 基本能预测　　　　　　D. 完全不能预测

2. 您认为，在科学领域教学中，关于教育对象的知识应包含(　　)。

　　A. 关于人身心发展的一般特征

　　B. 幼儿身心发展的年龄特征

　　C. 个别班级和个别幼儿的特征

　　D. 关于幼儿已有经验的知识

　　E. 关于幼儿对特定主题理解与误解的知识

　　F. 以上全含

3. 您认为，以下属于幼儿园科学领域教学目标的是(　　)。

　　A. 亲近自然、具有初步探究能力

　　B. 感知和理解数量关系

　　C. 认识周围事物和现象

　　D. 形状及空间关系的感知能力

　　E. 数学认知

　　F. 科学探究

　　G. 以上全含

---

① 邵媛.幼儿园教师科学领域教学知识来源研究——以J省Y市几所幼儿园为例[D].吉林师范大学,2020.

四、作品分析法

作品分析法是根据幼儿的各种作品(图画、泥塑、所编故事、儿歌等)分析幼儿科学素养发展水平的一种方法。例如,通过对幼儿观察记录的分析,了解幼儿对科学现象的观察水平。如教师安排任务,从×月×日起,每晚观察月亮盈亏现象并做记录,幼儿将记录拿到幼儿园,教师基于记录分析幼儿观察的细致性等水平,同时还可以了解幼儿坚持性、自制力等个性品质的发展情况。作品分析法的优点在于资料较易收集。其缺点也很明显,即往往不能系统、完整地了解幼儿的科学素质发展水平,因此需要结合各种方式进行。

课后思考题

1. 为什么要进行学前儿童科学教育评价?
2. 学前儿童科学教育评价的内容有哪些?
3. 在学前儿童科学教育评价中如何运用轶事记录法进行评价?
4. 运用情景观察法评价一个科学教育活动。